"十四五"职业教育国家规划教材

高等职业教育计算机类课程
新形态一体化教材

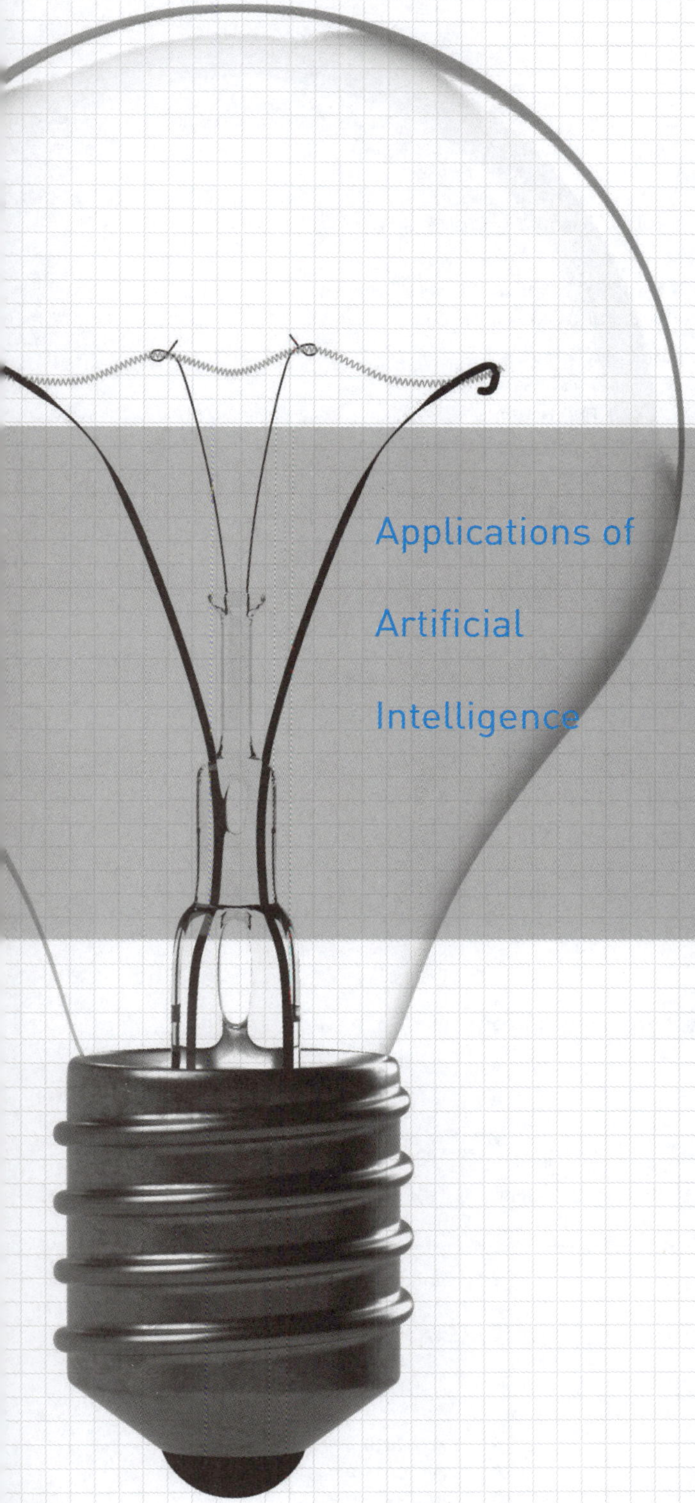

Applications of Artificial Intelligence

人工智能应用基础

Python 版

盛鸿宇　于京　詹晓东　编著

中国教育出版传媒集团
高等教育出版社 · 北京

内容简介

本书为“十四五”职业教育国家规划教材。

本书共9章，主要介绍了人工智能在监督学习、非监督学习、强化学习3个领域的10种常见算法，包括k近邻、贝叶斯、决策树、支持向量机、集成学习、K均值、线性回归、神经网络、卷积网络、Q-learning等。全书采用Python作为实现语言，通过大量原创图表及实用案例让读者能够了解并掌握人工智能的常用算法。此外，本书还设计了许多Excel表格让读者参与人工智能的“决策过程”，以期加强读者的体会和理解。

与本书配套的数字课程在“爱课程”（www.icourses.cn）平台（见前言二维码）及“智慧职教”（www.icve.com.cn）平台上线，读者可登录平台进行在线学习，授课教师可以调用本课程构建符合自身教学特色的SPOC课程，详见“智慧职教”服务指南。授课教师也可登录“高等教育出版社产品信息检索系统”（xuanshu.hep.com.cn）搜索并下载本书配套的电子课件（PPT）、实训案例、源代码等教学资源，首次使用本系统的用户，请先进行注册并完成教师资格认证。

本书既可以作为高等职业院校的人工智能课程教材，也可以作为想了解机器学习技术及应用实践人员的参考书。

图书在版编目（CIP）数据

人工智能应用基础：Python版 / 盛鸿宇，于京，詹晓东编著. -- 北京：高等教育出版社，2020.9(2025.8重印)
ISBN 978-7-04-054468-8

Ⅰ. ①人… Ⅱ. ①盛… ②于… ③詹… Ⅲ. ①软件工具-程序设计-高等职业教育-教材 Ⅳ. ①TP18 ②TP311.561

中国版本图书馆CIP数据核字(2020)第115935号

Rengong Zhineng Yingyong Jichu (Python)

策划编辑 刘子峰　责任编辑 刘子峰　封面设计 赵 阳　版式设计 于 婕
插图绘制 于 博　责任校对 刘 莉　责任印制 刁 毅

出版发行 高等教育出版社
社 址 北京市西城区德外大街4号
邮政编码 100120
印 刷 天津嘉恒印务有限公司
开 本 787 mm×1092 mm 1/16
印 张 11.25
字 数 250千字
购书热线 010-58581118
咨询电话 400-810-0598
网 址 http://www.hep.edu.cn
http://www.hep.com.cn
网上订购 http://www.hepmall.com.cn
http://www.hepmall.com
http://www.hepmall.cn
版 次 2020年9月第1版
印 次 2025年8月第6次印刷
定 价 38.00元

物 料 号 54468-A0

“智慧职教”服务指南

“智慧职教”（www.icve.com.cn）是由高等教育出版社建设和运营的职业教育数字教学资源共建共享平台和在线课程教学服务平台，与教材配套课程相关的部分包括资源库平台、职教云平台和App等。用户通过平台注册，登录即可使用该平台。

- 资源库平台：为学习者提供本教材配套课程及资源的浏览服务。

登录“智慧职教”平台，在首页搜索框中搜索“人工智能应用基础”，找到对应作者主持的课程，加入课程参加学习，即可浏览课程资源。

- 职教云平台：帮助任课教师对本教材配套课程进行引用、修改，再发布为个性化课程（SPOC）。

1. 登录职教云平台，在首页单击“新增课程”按钮，根据提示设置要构建的个性化课程的基本信息。

2. 进入课程编辑页面设置教学班级后，在“教学管理”的“教学设计”中“导入”教材配套课程，可根据教学需要进行修改，再发布为个性化课程。

- App：帮助任课教师和学生基于新构建的个性化课程开展线上线下混合式、智能化教与学。

1. 在应用市场搜索“智慧职教icve”App，下载安装。

2. 登录App，任课教师指导学生加入个性化课程，并利用App提供的各类功能，开展课前、课中、课后的教学互动，构建智慧课堂。

“智慧职教”使用帮助及常见问题解答请访问help.icve.com.cn。

序 1

《国务院关于印发新一代人工智能发展规划的通知》和工业和信息化部印发《促进新一代人工智能产业发展三年行动计划（2018—2020年）》后，中共中央总书记习近平强调，人工智能是新一轮科技革命和产业变革的重要驱动力量，加快发展新一代人工智能是事关我国能否抓住新一轮科技革命和产业变革机遇的战略问题。要深刻认识加快发展新一代人工智能的重大意义，加强领导，做好规划，明确任务，夯实基础，促进其同经济社会发展深度融合，推动我国新一代人工智能健康发展。

20世纪70年代末，信息科学和技术开始在我国发展，首先在高等学校开出计算机语言课程，许多现在的专家就是从此进入了计算机大门。大约经历十年左右时间，在高等学校逐步构建起大学本科计算机基础课程模式1+N和适应所有专业开设的计算机基础教育课程体系，即：一门计算机公共基础的必修课程和包括计算机语言、数据库、计算机网络在内的计算机选修课程。接着在世纪之交，在高等职业教育中又构建了以计算机公共课程为基础，加之相关选修课程的高职计算机公共课程体系。形成了适应信息技术发展，具有中国特色的高等教育本专科的计算机基础教育。

新世纪第二个十年中期以来，适应我国新科技革命和新产业革命的发展趋势，信息技术的核心技术从计算机、自动化走向大数据、人工智能，开启了新时代基于人工智能的计算机基础教育新一轮教学改革。这就意味着高等学校本专科的计算机基础教育面临转型升级，其课程体系从面向传统信息技术向面向新一代信息技术发展。为此，近几年来全国高等学校、高职院校从事计算机基础教育的教师和相关学术团体广泛开展面向智能时代计算机基础教育教学改革的课题研究，并正将研究成果进行教学实践探索。在高职教育领域，不仅基于人工智能的计算机基础教育，而且将当前高职教学改革的热点领域，如专业建设、专业群建设、1+X证书制度建设与人工智能技术应用相结合，其教学研究及实践都在如火如荼的快速推进中。

深度学习作为近年来最具突破性的人工智能技术，大大推动了人工智能走向应用的进程，并带动大批如AI+医疗、AI+教育、AI+城市、AI+家居等新产业、新业态的智能化，深度学习技术正在深刻地影响着人们的工作、生活和思维方式。随着人工智能对教育的影响越来越深入，要求高等教育、高职教育各专业领域的课程教学内容能尽快与人工智能技术深度融合，以适应经济社会智能化发展的新趋势。本书介绍的基本方法作为深度学习领域极具影响力的机器学习框架，具有便携、高效、可扩展的特性，可以在不同终端设备上运行，小到智能手机，大到计算机集群，在学术研究和企业实践中都取得了良好的应用效果。

本书作者都来自教学一线，他们与企业的工程师一道，把学校教学与企业经验相融合，生动讲解了人工智能基本方法的工作原理，给出了在实践层面应用的典型案例。本书可作为新形势下高职计算机基础教育公共课程试点教材，以及相关高职专业的基础课程、专业群平台课程、证书培训课程的教材。希望通过该教材的出版，大力推动我国高职计算机基础教育的转型升级，以及高职教育教学改革的进程，提高高等职业教育人才培养质量，为我国经济社会发展做出新的贡献。

国家职业教育指导咨询委员会委员
全国高等院校计算机基础教育研究会名誉副会长
原教育部高等学校高职高专电子信息类专业教学指导委员会主任
高　林
2020年6月

序 2

以人工智能、大数据和云计算，即 ABC（Artificial intelligence，Big data，Cloud computing）为代表的现代信息技术的发展对职业教育提出了新的挑战。习近平总书记强调：“把握全球人工智能发展态势，找准突破口和主攻方向，培养大批具有创新能力和合作精神的人工智能高端人才，是教育的重要使命”，这是对人工智能领域人才培养工作提出的整体化要求。《国务院关于印发新一代人工智能发展规划的通知》和工业和信息化部制订的《促进新一代人工智能产业发展三年行动计划（2018—2020年）》更是对相关工作进行了具体的部署。

深度学习是近年来最具突破性的人工智能技术，它极大地推动了人工智能的研发，并迅速渗透到各个行业，带动了一大批新兴产业的发展，如 AI+医疗、AI+教育、AI+城市和 AI+家居等。深度学习技术还在深刻地影响着人们的工作、生活和思维方式。在职业教育领域，在国家战略、地方产业发展需求和教育行政部门相关政策的引导下，许多院校开始设立人工智能专业（群），进行了多方面的尝试和创新。在实践中，这需要解决一系列问题，如采用什么样的课程和教学模式能够提高学习的有效性？如何更好地推进人工工智领域的产教融合从而实现共赢？在此，广大教师不但要深入学习人二智能领域的新的核心技术，还要进行课程和教学改革，以体现高等职业教育的“高等性”和“职业性”的双重特征。

当代国际社会普遍认为，职业教育的基本任务是帮助青年人学会工作，为其走入工作世界（the world of work）奠定基础，职业教育的学习是“基于工作的学习”（Work-Based Learning，WBL），反映在课程和教学层面就是“工学结合一体化”，即让学生在（尽量）真实的工作情境中，学会如何完成具有一定知识和技能含量的、挑战性的工作任务。

本书是为高等职业院校人工智能类专业编写的基础系列教材，其学习内容来源于企业真实的生产项目、职业的典型工作任务和案例，并配有相应的信息化学习资源，适合高职院校开展项目学习、案例学习和模块化教学。本书作者都是来自教学一线的教师，他们与企业的工程师一道，努力将本领域的新知识、新技术融入到教材中，同时建立教学反思意识，包括对教学理念和教学过程的反思，并关注课程思政，把思想和价值观教育贯穿在教学过程的各个环节。希望本系列教材的出版，能够有效提高高等职业教育的人才培养质量，促进高等职业教育的教学改革，并实现优质资源共享。

国家职业教育指导咨询委员会委员
北京师范大学
赵志群
2020 年 6 月

前　言

人工智能的应用越来越多，如阿尔法围棋（AlphaGo）、智能机器人、自动驾驶等，大有乱花渐欲迷人眼之势。但如果说人工智能的原理其实挺常见，不知道会不会有人相信。想当年，网络技术也显得很神秘，动辄“协议栈”“域名解析”等很多术语，后来一个老师在课上说：“CSMA/CD（载波侦听多路访问/冲突检测），其实描述的就是通过楼道在房间里喊另外一个房间的人，肯定要等到楼道里安静时再喊。”多朴素的道理！人工智能也一样，很多基本道理在生活中早已存在，只是没有去注意，没有去精确计算，因此一旦看见最终的应用感觉就很神奇。其实，如果平实地一步步推演，其中道理显而易见。

《人工智能应用基础》数字课程

本书的编者就是以此为出发点，力求把人工智能相关知识和道理讲得浅显易懂。本书描述了人工智能在监督学习、非监督学习、强化学习 3 个领域的 10 种常见算法，包括 k 近邻、贝叶斯、决策树、支持向量机、集成学习、K 均值、线性回归、神经网络、卷积网络、Q-learning 等。每个算法都从生活中的原理或前叙章节出发，力求讲明白“为什么、干什么、怎么干”。为了达到这个目标，编者绘制了很多原创图表用以启发读者，同时设计了一些案例并利用 Excel 手动计算让读者参与和体验人工智能的“决策过程”。通过这些尝试，希望读者能够了解人工智能的常用算法。

课程介绍

本书为“十四五”职业教育国家规划教材。本书的特点是较少介绍艰深的原理，主要依据实例，介绍各种方法如何在实际中应用和实施。致力于让读者能够亲身体会这些方法的实施条件和应用，从而建立利用科学方法解决问题的创新思维，以更好地适应这个新的时代。

本次修订加印，为加快推进党的二十大精神进教材、进课堂、进头脑，首先根据各章节的主要知识内容以及教学要求，归纳提炼出相应的“学习与素质目标”，并在章首页以二维码的形式呈现。其中，“学习目标”是对各章需要掌握的知识性内容的教学指导；“素质与能力目标”则在强调人工智能专业拔尖人才应掌握的核心技术的基础之上，进一步提升其信息意识、创新思维、逻辑分析能力、伦理道德修养等职业素养，从而落实在以人工智能为代表的战略性新兴产业融合集群发展过程中，德才兼备的高素质卓越工程师和高技能人才的培养要求。其次，更新部分针对算法原理的图解，并通过二维码的方式显示案例彩图效果，以提升阅读体验；更新部分算法的低代码构建等方面的内容，使学生更好理解算法中的科学道理，增强学生在实践中运用算法的能力，从而全面提高人才自主培养质量。此外，编者依据书中优化的内容，持续同步更新、完善相应在线开放课程，体现现代信息技术与教育教学的深度融合，进一步推动教育数字化发展。

本书由北京联合大学的盛鸿宇与北京电子科技职业学院的于京、詹晓东编著，北京电子科技职业学院的景妮琴、韩伟、胡亦、李景玉老师审稿。

由于编者水平有限，书中错误及不妥之处在所难免，恳请广大读者批评指正。

编著者

2023 年 6 月

目　录

第1章 距离的应用——k近邻算法

很多人肯定都发现了一个奇怪的现象，每当登录电商或新闻网站，网站总是会向用户推荐一些“似曾相识”的商品或新闻。推荐熟悉的内容非常容易拉近网站和用户的关系，略微思考一下即可知道，网站肯定利用了用户以前的浏览信息，推断出用户的兴趣点，那么这种推断的方法是什么呢？在人工智能领域有很多方法达到这一目的，本章将向读者介绍一种比较直观的方法——k 近邻算法，简称 kNN。

学习与素质目标

1.1 相似就是“距离”相近

微课 1-1
k 近邻算法(1)

假设你正经营一家汽车售卖网站，当用户登录并浏览了几种车型后，网站该怎样向客户推送有可能引发其兴趣的车型呢？下面先看一下表 1-1 列出的车辆属性信息与用户浏览情况。

表 1-1 车辆属性信息表与用户浏览情况

用户是否长时间浏览	型 号	长（mm）	宽（mm）	高（mm）
F	BAOJ310	4032	1680	1450
T	XW-M1	4330	1535	1885
	GoF	4259	1799	1452
	CrV	4585	1855	1679
	BZ-08	4590	1820	1488
	jeta	4591	1704	1469

续表

用户是否长时间浏览	型　号	长（mm）	宽（mm）	高（mm）
F	POL	4053	1740	1449
T	BW5	5087	1868	1500
T	BDe6	4560	1822	1645
	RWi5	4601	1818	1489
F	Wuling	3797	1510	1820

为了便于讲解，本案例中的数据规模并不大，而真实的问题需要更大的数据规模。现在假设通过浏览器数据发现用户浏览 XW-M1、BDe6 和 BW5 时用时较长（表 1-1 中用“T”标记的车型），但是对 Wuling、BAOJ310、POL 的网页一打开就关闭了（表 1-1 中用“F”标记的车型），获知用户的浏览信息后，现在要在 jeta、GoF、RWi5、BZ-08、CrV 中预测用户感兴趣车型，并利用广告加以推送。

衡量车辆的要素需要包括车辆的外形尺寸、轴距、整车质量以及油耗等诸多因素，为了将考虑因素简单化，暂时只考虑长、宽、高因素。下面从用户已经浏览过的车型数据出发，寻找一个预测方法，预测应该向用户推荐哪些他未曾浏览的车型。

首先将用户已经做过选择的 6 辆车分成两部分，分别标记为“训练”组和“测试”组，见表 1-2，其中训练组的数据将生成“预测模型”，而测试组的数据将用来考察形成的预测是否正确。

表 1-2　将已知数据分为训练数据和测试数据两部分

用户是否长时间浏览	型　号	长（mm）	宽（mm）	高（mm）	数据集分类
F	BAOJ310	4032	1680	1450	训练
T	XW-M1	4330	1535	1885	训练
F	POL	4053	1740	1449	训练
T	BW5	5087	1868	1500	训练
T	BDe6	4560	1822	1645	测试
F	Wuling	3797	1510	1820	测试

最直观的想象，应该为客户挑选与“感兴趣的车型”较为相像的车，在推荐过程中综合考虑长、宽、高 3 个指标。可以认为外形尺寸差距在一定范围内的车辆就是预测的用户可能感兴趣的目标。如果将车辆的三维外形尺寸信息画入一个三维坐

标系，如图 1-1 所示，可以发现，所谓两辆车相像就是值在三维空间中表达外形信息的两个点较为相近。

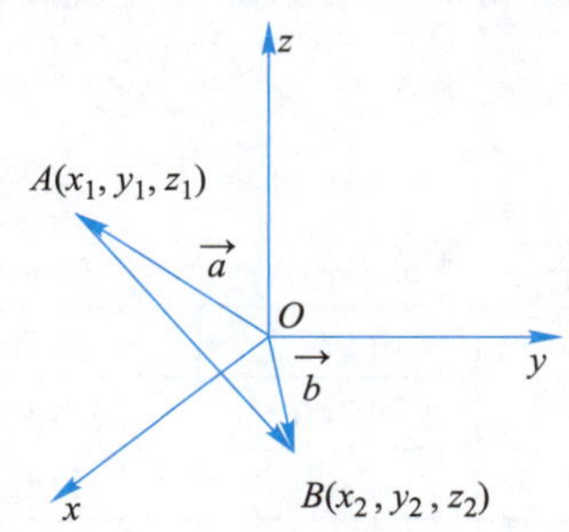

图 1-1　三维空间中两辆车的外形信息

这时，可以考虑三维空间中求距离的公式：

$$d_{A,B}=\sqrt{(x_2-x_1)^2+(y_2-y_1)^2+(z_2-z_1)^2} \tag{1-1}$$

公式 1-1 中，x 代表车长，y 代表车宽，z 代表车高，针对待推荐列表中的每个品牌车辆都计算一遍与训练数据的距离，然后找出与该品牌车辆距离最近的 k 个训练数据，并考察这 k 个训练数据的类别，按简单多数的原则决定该品牌车辆的类别。但是在不知道某个人工智能算法是否有效时，不应该将该方法用于实际。应该先用测试集的数据检验方法的有效性，由于测试集数据是已知结果的数据，那么只要用新方法所求结果与存在的结果比较就可知道该人工智能方法正确与否。

人工智能并不是什么新的“神奇技术”，大多数人工智能技术依赖于对数据进行特定的计算。利用人工智能解决问题时，首先需要找到描述其特征的关键数据，然后对特征进行计算和比较。为了体验数据计算的过程，可以试一下用十分普通的“电子表格”完成首个人工智能任务，操作步骤如下。

第 1 步：打开本书配套资源文件中第 1 章的“车辆信息-train. xlsx”文件，如图 1-2 所示。在 F2 单元格中输入公式“ =SQRT((C2-C7)^2+(D2-D7)^2+(E2-E7)^2)”，其中，C7、D7、E7 单元格中的数据是被预测车型的长、宽、高。此时，在 F2 单元格中将得出被预测车型对 BDe6 这个车型的 d 值。

第 2 步：用鼠标移置 F2 单元格的右下角，使用该公式填充 F3 至 F5 的各单元格，可以看到被测车型对于各型车辆的 d 值，如图 1-3 所示。

第 3 步：为了挑选出需要的结果，将 F 列按升序排列（为方便观察 F 列被设置成保留两位小数），如图 1-4 所示。

这时可以选取与被测车辆距离最小的 k 个点（一般 k 为奇数，本例 $k=3$）的分类，以作为判断的依据。观察图 1-4 中的深色部分，即离被测最近距离的 3 辆车中，2 辆为用户感兴趣的车型，1 辆为用户无兴趣的车型，按简单的少数服从多数原则，可确定被测车辆也是用户感兴趣车型。

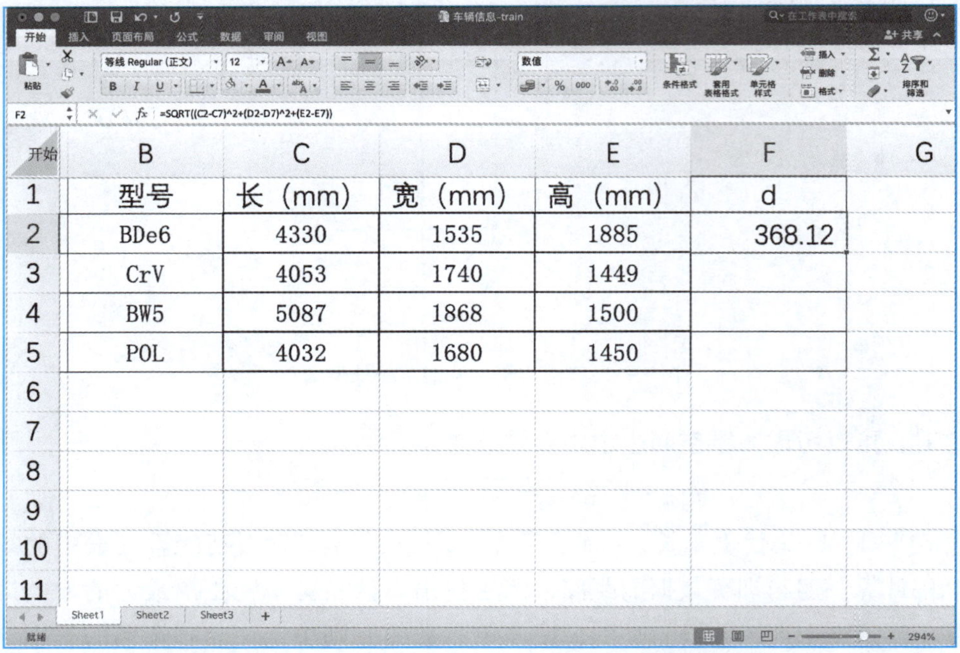

开始	B	C	D	E	F
1	型号	长（mm）	宽（mm）	高（mm）	d
2	BDe6	4330	1535	1885	368.12
3	CrV	4053	1740	1449	
4	BW5	5087	1868	1500	
5	POL	4032	1680	1450	

F2 =SQRT((C2-C7)^2+(D2-D7)^2+(E2-E7))

图 1-2 被测车型对 BDe6 车型的 d 值

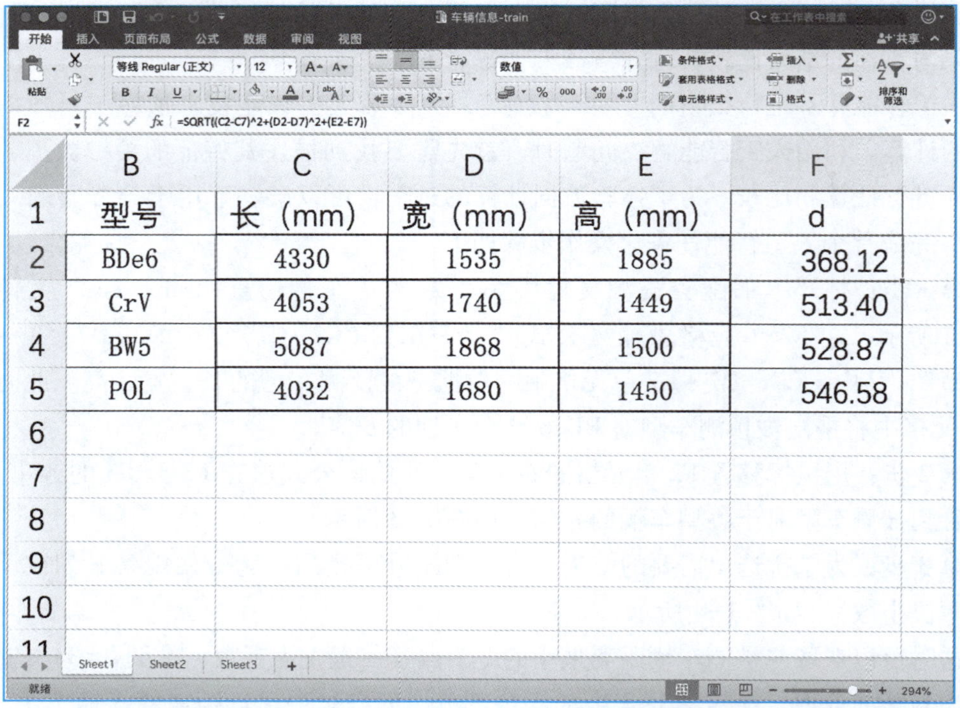

	B	C	D	E	F
1	型号	长（mm）	宽（mm）	高（mm）	d
2	BDe6	4330	1535	1885	368.12
3	CrV	4053	1740	1449	513.40
4	BW5	5087	1868	1500	528.87
5	POL	4032	1680	1450	546.58

F2 =SQRT((C2-C7)^2+(D2-D7)^2+(E2-E7))

图 1-3 被测车型对各型车辆的 d 值

标记	型号	长（mm）	宽（mm）	高（mm）	d
T	BDe6	4330	1535	1885	368.12
F	CrV	4053	1740	1449	513.40
T	BW5	5087	1868	1500	528.87
F	POL	4032	1680	1450	546.58

图 1-4　对 F 列升序排列，$k=3$ 为深色部分

这种预测算法称为 k 近邻算法，也称 kNN 算法（k Nearest Nodes，含义是 k 个最近的节点）。kNN 是一种预测分类的算法，算法观察与自己距离最近的 k 个点（k 一般为奇数）的分类，并可以用简单多数的原则确定自身的分类。

kNN 算法的一般过程需要对未知类别属性的数据集中的每个点依次执行以下操作：

① 计算训练集中的点与待预测点之间的距离。

② 按距离递增排序。

③ 选取与待预测点距离最小的 k 个点。

④ 统计 k 个点的类别频率。

⑤ 以 k 个点中频率最高的类别作为代预测点的预测结果。

如果考虑减小 kNN 算法中 k 的取值，如取 1，那么，待预测点的分类只依赖于与之最近的点，分类结果随机性太大；相反，若 k 太大，如极端情况，与数据集的样本数一样大，那么算法的分类结果没有意义。就一般经验，k 的取值一般低于训练样本数的平方根。另外，还可以不使用简单多数的投票规则，而对距离加权，如使距离近的点更有发言权，那么可以降低 k 值变化对结果的影响。

从推荐车型的例子可以体会出，所谓人工智能其实是大量和精细的计算，利用

人工智能算法再加上网站、电商等应用手段就可以产生惊人的效果。当然事情并不是如此简单，例如卖车网站升级了，推荐系统更加智能化了，可以通过汽车的售价、油耗、刹车性能推荐车型，这时候新的问题就出现了，观察这些指标的数量级见表 1-3 和表 1-4。

表 1-3 不同车型的属性数据

车　型	长（mm）	宽（mm）	高（mm）	油耗（L/100km）	售价（万元）	数据集分类
BAOJ310	4032	1680	1450	5.3	5.6	训练
XW-M1	4330	1535	1885	7.8	14.5	训练
POL	4053	1740	1449	6.2	10.8	训练
BW5	5087	1868	1500	8.5	25.6	训练
BDe6	4560	1822	1645	7.8	15.8	测试
Wuling	3797	1510	1820	5.5	9.6	测试

表 1-4 不同属性的数量级

数据指标	数据示例	量　级
长宽高等外型类型数据	4560、1822、1645	10^3
售价	5.6、14.5	$10 \sim 10^2$
平均油耗	7.8、8.5、6.2	10

从表 1-3 和表 1-4 可以看出，若通过以上不同属性的数据（只考虑数值）计算“距离”，那么外形尺寸仍然起决定性的作用，而油耗等因素由于数值原因，与其他属性的差距很大，以至于几乎不能对最终的结果产生影响。这显然不符合算法预设的初衷，对结果也将带来很大偏差，那么又该如何解决这种由数据的数量级所产生的偏差呢？

通常在进行人工智能算法之前需要对数据进行一系列处理，而“数据处理”（术语：特征工程）也是人工智能工作流程中的一个非常重要的环节。优秀的数据处理对提高人工智能算法的结果正确性和计算效率起着非常巨大的作用。

对于属性数值差异大而引起结果偏差的情况，可以用“归一化”数据处理方法消除。归一化是数据处理的重要方法，它可以使数量级差别巨大的数据在衡量事物发挥同样的“权”，而不因为数量巨大就拥有更多的决定权。

微课 1-2
k 近邻算法(2)

1.2 数据处理：归一化

数据归一化有多种方法，其中最直观的方法是，对每个属性都找出最大数值和最小数值，然后对某一属性数据集（X）中的每个数据都按下面公式整理。

$$x'=\frac{x-\min X}{\max X-\min X} \tag{1-2}$$

观察公式 1-2，若 x 是数据集中的最小值时，则 x' 的值为 0；若 x 是已知数据的最大值时，则 x' 的值为 1。因此，如果所有待考察的属性都做这样的处理，那么其结果实际上是使每个属性的取值范围都介于 0 和 1 之间。通过这种方法做到所有属性具有相同的决定权。

回过头来观察之前的待推荐车辆数据，图 1-5～图 1-8 展示了使用 Excel 利用归一法处理数据的过程，完成数据处理后的结果如图 1-9 所示。为了在 Excel 中简化处理，这里将“浏览标记”合并入车型并用“+”和“-”表示。

	A	B	C	D	E	F	G
1	车型	长	宽	高	油耗	售价	数据集
2		(mm)	(mm)	(mm)	(L/100km)	(万元)	分类
3	BAOJ310 -	4032	1680	1450	5.3	5.6	训练
4	XW-M1 +	4330	1535	1885	7.8	14.5	训练
5	POL -	4053	1740	1449	6.2	10.8	训练
6	BW5 +	5087	1868	1500	8.5	25.6	训练
7		=MAX(B3:B6)					
8							
9							
10							

图 1-5 利用 MAX 函数求长度的最大值

完成归一化的数据为图 1-9 中第 12 行～第 17 行的区域，可以看到所有数据都在 [0,1] 的区间内。这时就可以用图 1-2 中的操作方法对被测对象计算 d 的值了。操作过程和计算 d 的结果如图 1-10 所示。①

① 本书着重讲解算法步骤，对较小的案例中的数据集并未遵照训练、测试、应用三阶段分开处理的原则进行，程序中也是如是，在实际应用中读者可自行掌握。

车辆信息-train

MIN fx =MIN(B3:B7)

	A	B	C	D	E	F	G
1	车型	长	宽	高	油耗	售价	数据集
2		(mm)	(mm)	(mm)	(L/100km)	(万元)	分类
3	BAOJ310 −	4032	1680	1450	5.3	5.6	训练
4	XW-M1 +	4330	1535	1885	7.8	14.5	训练
5	POL −	4053	1740	1449	6.2	10.8	训练
6	BW5 +	5087	1868	1500	8.5	25.6	训练
7		5087					
8		=MIN(B3:B7)					
9							
10							

Sheet1 Sheet2

图 1-6 利用 MIN 函数求长度的最小值

车辆信息-train

MIN fx =B7-B8

	A	B	C	D	E	F	G	H
2		(mm)	(mm)	(mm)	(L/100km)	(万元)	分类	
3	BAOJ310 −	4032	1680	1450	5.3	5.6	训练	
4	XW-M1 +	4330	1535	1885	7.8	14.5	训练	
5	POL −	4053	1740	1449	6.2	10.8	训练	
6	BW5 +	5087	1868	1500	8.5	25.6	训练	
7		5087	1868	1885	8.5	25.6		
8		4032	1535	1449	5.3	5.6		
9		=B7-B8						
10								
11								
12								
13								
14								
15								

Sheet1 Sheet2

图 1-7 求长度的最大值与最小值之差

MIN =(B3-B8)/B9

	A	B	C	D	E	F	G
3	BAOJ310 -	4032	1680	1450	5.3	5.6	训练
4	XW-M1 +	4330	1535	1885	7.8	14.5	训练
5	POL -	4053	1740	1449	6.2	10.8	训练
6	BW5 +	5087	1868	1500	8.5	25.6	训练
7	max	5087	1868	1885	8.5	25.6	
8	min	4032	1535	1449	5.3	5.6	
9	max-min	1055	333	436	3.2	20	
10	BAOJ310 -	=(B3-B8)/B9					
11	XW-M1 +						
12	POL -						
13	BW5 +						

图 1-8 利用公式 1-2 对 BAOJ310 的数据归一化

F17 =(F8-F10)/F11

	A	B	C	D	E	F	G
1–2	车型	长 (mm)	宽 (mm)	高 (mm)	油耗 (L/100km)	售价 (万元)	数据集分类
3	BAOJ310 -	4032	1680	1450	5.3	5.6	训练
4	XW-M1 +	4330	1535	1885	7.8	14.5	训练
5	POL -	4053	1740	1449	6.2	10.8	训练
6	BW5 +	5087	1868	1500	8.5	25.6	训练
7	BDe6 +	4560	1822	1645	7.8	15.8	测试
8	Wuling -	3797	1510	1820	5.5	9.6	测试
9	max	5087	1868	1885	8.5	25.6	
10	min	3797	1510	1449	5.3	5.6	
11	max-min	1290	358	436	3.2	20	
12	BAOJ310 -	0.1822	0.4749	0.0023	0.0000	0.0000	
13	XW-M1 +	0.4132	0.0698	1.0000	0.7813	0.4450	
14	POL -	0.1984	0.6425	0.0000	0.2813	0.2600	
15	BW5 +	1.0000	1.0000	0.1170	1.0000	1.0000	
16	BDe6 +	0.5915	0.8715	0.4495	0.7813	0.5100	
17	Wuling -	0.0000	0.0000	0.8509	0.0625	0.2000	

图 1-9 完成所有数据的归一化

车型	长（mm）	宽（mm）	高（mm）	油耗（L/100km）	售价（万元）	数据集分类	
BAOJ310 -	4032	1680	1450	5.3	5.6	训练	
XW-M1 +	4330	1535	1885	7.8	14.5	训练	
POL -	4053	1740	1449	6.2	10.8	训练	
BW5 +	5087	1868	1500	8.5	25.6	训练	
BDe6 +	4560	1822	1645	7.8	15.8	测试	
Wuling -	3797	1510	1820	5.5	9.6	测试	
max	5087	1868	1885	8.5	25.6		
min	3797	1510	1449	5.3	5.6		
max-min	1290	358	436	3.2	20		d (BDe6)
BAOJ310 -	0.1822	0.4749	0.0023	0.0000	0.0000		1.1812
XW-M1 +	0.4132	0.0698	1.0000	0.7813	0.4450		0.9908
POL -	0.1984	0.6425	0.0000	0.2813	0.2600		0.8494
BW5 +	1.0000	1.0000	0.1170	1.0000	1.0000		0.7629
BDe6 +	0.5915	0.8715	0.4495	0.7813	0.5100		
Wuling -	0.0000	0.0000	0.8509	0.0625	0.2000		

图 1-10 针对 BDe6 车型计算对每一条训练数据的 d 值

计算完成后，根据 1.1 节的方法仍旧需要对 d 值的升序排序，之后取 $k=3$，这时可以看出 BDe6 车型应该被预测为“可推荐车型”，如图 1-11 所示。

车型	长	宽	高	油耗	售价	d
BW5 +	1.0000	1.0000	0.1170	1.0000	1.0000	0.7629
POL -	0.1984	0.6425	0.0000	0.2813	0.2600	0.8494
XW-M1 +	0.4132	0.0698	1.0000	0.7813	0.4450	0.9908
BAOJ310 -	0.1822	0.4749	0.0023	0.0000	0.0000	1.1812

图 1-11 d 值升序排序后的结果

如果按此考察 Wuling 车型，也会发现它应当属于“不被推荐”的车型。

在 1.1 节和 1.2 节中，预测的都是测试集中的数据，对测试集而言每一条数据的分类是已知的，这就有机会验证“预测的方法”是否正确。从结果看，在测试集上取得了较好的正确率，那么就可以将这个方法推广到其他车型的推荐中去了。

至此，在车辆推荐的案例中就使用 kNN 的方法实践了一个人工智能算法应用的过程。仔细分析，发现这个算法的原理在生活中很常见，甚至还专门有个成语“物以类聚”讲得也是这个意思，其原理也在“情理之中”。随着学习的深入，读者就可以发现人工智能算法大多数是生活中的道理，只不过生活中的道理比较模糊，以至于准确度很不稳定，科学性的描述不够，无法定量地应用，而通过加入度量计算的方法和验证其有效性的规则，使之成为可以计算和测试的算法就能够准确地选取和应用在各个领域了。为了更精确地描述人工智能算法，下一节将介绍一些人工智能算法的术语。

1.3 人工智能应用的要素

微课 1–3
k 近邻算法（3）

1. 常用术语

术语可以让人们的交流更准确和高效。人工智能内容较复杂，更需要一套专用的“术语”以利于精确描述各种概念。因此，本节将介绍人工智能中常用的一些术语，读者可以根据前面 kNN 的案例体会这些术语的含义。

建立人工智能往往需要从大量的过往经验中总结规律，这被称为**“机器学习”**，即通过对大量数据进行“学习”从而产生对新情况进行判断和**预测**的能力。若需要预测的问题是**离散**的（离散即无法连续，如猫、狗、鸵鸟等动物的种类）则被称为**“分类”**。若需要预测一个“连续的数值”，如根据历史数据预测明天的温度，在人工智能领域中这种对连续值的预测被称为**“回归”**。对分类而言重要的是“区分不同类别的边界”，而对于“回归”问题，则需要一个“求解未知数据的公式”，这个“边界”和“公式”都来源于对已知数据的“学习”，在机器学习领域把这一过程称为从数据中求得**“模型”**，人工智能中的机器学习就是研究求解模型的方法。所以，**模型就是机器学习的结果**。

用来支持计算机寻找模型的数据被称为“数据集”，如表 1-1 数据集中的一条（1 行）数据被称为“示例”或“样本”。可以想到，对任一样本总存在多个要素的描述，如表 1-1 中对车辆外形描述可以总结出长、宽、高 3 个要素。这描述数据的要素在机器学习领域被称为**“属性”**或**“特征”**。以长、宽、高为特征描述一类车型，可以想象，若建立一套坐标系，x、y、z 三个坐标轴分别代表长、宽、高，那么每一车型都可以在这套坐标系的空间中找到自己的位置，若特征数量是“3”则数据分布在三维空间，扩展一下，把数据的特征数量称为**“维数”**，就好像数据分布在“多维空间”，那么在有效选取的条件下数据的维数越大对事物刻画越精细，越容易找出规律，但是过大的维数将带来更大的计算负担，导致计算速度降低。

从数据集中求出模型的过程称为**“学习”**或**“训练”**，得到模型后使用模型的过程叫作**“生产”**。但是由学习而产生的模型需要进行测试，待确认算法的有效性和准确性后才能投入生产，所以训练和测试都需要在已知结果的数据集上进行。可见，训练使用的数据与测试使用的数据不应该是同一组数据。在数据集中应该划分出**“训练集”**和**“测试集”**，一般来说训练集和测试集不能交叉。训练集和测试集中的数据分别称作训练样本和测试样本，就如 1.1 节中对车型数据所做的那样。

训练和测试后，希望模型能够在新的数据上使用，模型在新数据上的适用性称为**“泛化能力”**，泛化能力是描述人工智能的关键性指标。一般情况下，计算机在学习和测试过程中都可以达到较高的正确率，但在实际应用中正确率等指标可能会出现明显的下降，甚至出现不适用的情况，这就被称为“泛化”能力差，究其原因是因为训练集和测试集终究是实际应用的一个很小的“子集”，全局的情况并没有详尽地反映在训练和测试的过程中。所以要获得较好的“泛化”效果，就需要科学地收集和安排数据集。充足的数量是数据集的关键指标之一，另一个关键指标则是样本在数据集中的分布情况，一般希望样本的分布与实际情况尽量一致，例如在预测就业问题时，数据集中男女比例、年龄段分布就需要与模型最终的使用情况一致，否则肯定出现泛化能力的下降，若一个方法在测试时取得非常高的正确率，而实际使用时正确率明显下降，这称为**“过拟合”**。但是如果在训练集上都不能达到满意的准确率就被称为**“欠拟合”**，一般的原因是因为训练方法不佳、训练数据太少或训练量不够。

在某些情况下，研究者会根据学习目的对已知数据做出标记，例如在 1.1 节中对车型数据分别标注了“T”和“F”（见表 1-1）表示“可推荐（浏览）”和“不可推荐（未浏览）”，给数据集加注标记被称为**“数据标注”**。

如果训练过程需要“标记”信息的参与，则此类人工智能的机器学习算法称为**“监督学习”**，否则称为**“无监督学习”**。一般情况下所提到的“分类”和“回归”都是有监督学习的范畴，而无监督学习可被用于发现“未知分类”的新事物，如寻找网络热点新闻等。

综合使用上面这些术语，简述 1.2 节中的 kNN 算法：kNN 是一种监督学习的分类算法。表 1-3 就是数据集，其中前 4 条数据是训练集，后 2 条数据为测试集，表中的每一列都是一个属性，用了长、宽、高、售价、油耗共 5 个维度描述了车辆信息，而在表 1-1 中只用了 3 个维度。显然，使用术语描述问题更加准确和简洁。

由于阅读资料和代码开发时中将会大量出现以上词汇的中英文形式，所以将以上词汇总结如下。

预测：Predict

监督学习：Supervised Learning

无监督学习：Unsupervised Learning

训练：Training

训练集：Training Set

测试：Test

测试集：Test Set

分类：Classification

拟合：Fitting

维度：Dimension

属性：Property

特征：Feature

泛化：Generalization

过拟合：Overfitting

欠拟合：Underfitting

归一化：Normalization

2. 人工智能问题的求解流程

人工智能的求解过程是有规律可循的，一般情况下可分为数据加工—利用训练集构造模型—利用测试集测试模型正确率，若正确率达到较高水平就可以将模型应用于生产实践，如图 1-12 所示。上面体验的 kNN 算法也正是遵照了这个过程。

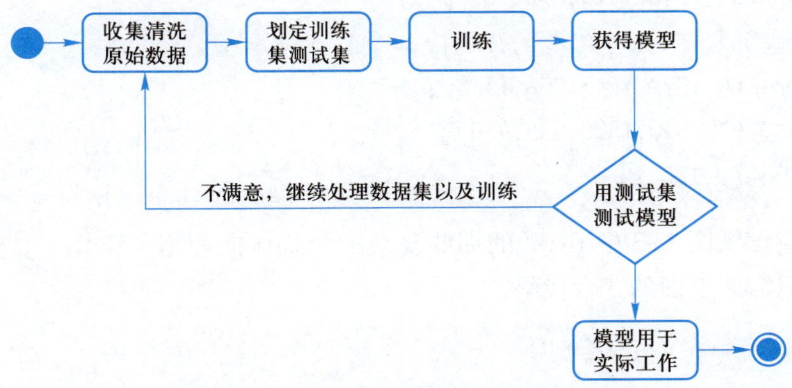

图 1-12 人工智能问题的求解过程

1.4 编程

在人工智能领域，编程总比操作 Excel 便捷。本书使用 Python 语言开发人工智能程序，下面将利用 Python 程序完成 1.2 节编程，请读者体会利用代码开发人工智能应用的过程，代码的细节将在后面章节解释。本书并不详细讲述 Python 语言的用法，但由于本书的代码都比较短小，建议读者尝试复制和运行案例就可以逐步掌握一些 Python 程序的编写要点。此外关于 Python 的语法规则和简单使用还可以查阅本书的附录。下面，先用“电子表格”操作和编程语句对照的方式完成整个程序，读者先理解程序与电子表格操作的对应关系，建立整体的逻辑，下一节再介绍细节的功能。

就像使用 Excel 时要在操作系统中找到软件图标一样，在编程时要找到需要用的工具，下列程序代码中的第 2 行和第 3 行代码说明将用到 numpy 和 KNeighborsClassifier 这两个工具。

```
2    import numpy as np
3    from sklearn.neighbors import  KNeighborsClassifier as knn
```

接下来将建立一个类似表 1-3 的数据表格，在编程中一般称之为“矩阵”，用文字表达如下面代码的第 5 行~第 11 行，其中 ar_x 存放了训练集和测试集的全部数据，而将训练集的已知结果放在 ar_y 中，用 0 表示不推荐，用 1 表示推荐。需要注意的是，测试集的结果并没有存在 ar_y 中。

```
5    ar_x=[[4032,1680,1450,5.3,5.6],
6       [4330,1535,1885,7.8,14.5],
7       [4053,1740,1449,6.2,10.8],
8       [5087,1868,1500,8.5,25.6],
9       [4560,1822,1645,7.8,15.8],
10      [3797,1510,1820,5.5,9.6]]
11   ar_y=[0,1,0,1]
```

接下来应该做图 1-3 中 Excel 的那些复杂的公式输入和拖曳工作了，但是编程却简单多了，只需要下面的 3 行代码：

```
13   ar_min=np.min(ar_x,0)
14   ar_mn=np.max(ar_x,0)-ar_min
15   nor_ar =np.around((ar_x-ar_min)/ar_mn,4)
```

这3行代码完成了图1-3的归一化工作，并把数据保存在nor_ar中。这时可以用print打印这个矩阵并观察结果，就会发现得到一个和图1-4中归一化数据相同的结果：

```
[[0.1822  0.4749  0.0023  0.      0.    ]
 [0.4132  0.0698  1.      0.7812  0.445 ]
 [0.1984  0.6425  0.      0.2813  0.26  ]
 [1.      1.      0.117   1.      1.    ]
 [0.5915  0.8715  0.4495  0.7812  0.51  ]
 [0.      0.      0.8509  0.0625  0.2   ]]
```

这时就可以建立kNN预测模型了。这里只需要第17行和第18行两行代码，其中n_neighbors=3表示kNN算法的分类参考点数k=3。

```
17    model = knn(n_neighbors=3)
18    model.fit(nor_ar[:4], ar_y)
```

这时模型已经建立，可以计算测试集的分类了，第19行和第20行两行代码完成该功能：

```
19    pre=model.predict(nor_ar[4:6])
20    print (pre)
```

第20行用print输出了对测试集nor_ar的第4行和第5行两行（nor_ar[4:6]）的预测结果：[1,0]，对照图1-4，结果正确。

可以看出利用代码解决问题与操作“电子表格”计算的思路是一致的，但是代码方式还有一个巨大的优势，那就是在更换数据时，即只更换第5行~第11行，而其他代码不用变化，就能对其他数据进行预测工作，这大大提高了生产效率，而且在之后的程序中可以看出，编程方式在功能方面要强大得多。

本书在后面章节会逐渐用代码代替电子表格的操作，这样读者在了解原理、培养思路的基础上，可以逐步利用这些样例代码开发类似的人工智能应用。

1.5 代码详解

本节从语法细节与程序原理两个角度详细解释本章代码。

```
1    #引入工具包
2    import numpy as np
3    from sklearn. neighbors import   KNeighborsClassifier as knn
4    #定义数据
5    ar_x=[[4032,1680,1450,5.3,5.6],
6              [4330,1535,1885,7.8,14.5],
7              [4053,1740,1449,6.2,10.8],
8              [5087,1868,1500,8.5,25.6],
9              [4560,1822,1645,7.8,15.8],
10             [3797,1510,1820,5.5,9.6]]
11   ar_y=[0,1,0,1]
12   #利用均一化处理数据
13   ar_min=np. min(ar_x,0)
14   ar_mn=np. max(ar_x,0)-ar_min
15   nor_ar =np. around((ar_x-ar_min)/ar_mn,4)
16   #建立模型并预测
17   model = knn(n_neighbors=3)
18   model. fit(nor_ar[:4], ar_y)
19   pre=model. predict(nor_ar[4:6])
20   print (pre)
```

首先从整体看，代码分为引用工具、定义数据、数据处理、建立模型预测并输出共 4 个部分，代码中的“#”表示本行代码为注释，即是说明性文字并不参与程序运行。

另外为了便于说明问题，正文中的代码都有行号，而真实运行的程序中是不应该有行号的。

首先导入需要用的模块：

```
2    import numpy as np
3    from sklearn. neighbors import KNeighborsClassifier as knn
```

在第 2 行和第 3 行代码中，numpy 和 sklearn 是两个 python 语言的“工具模块”，numpy 模块的功能是进行高效计算，其特点是不但支持数字的运算，还支持数据集合的运算（如矩阵运算），这样大大提高了计算的效率。import 的意义是“引入”，其中文含意就是引入 numpy 模块，后面的 as np 是指用 np 这个简称代替 numpy。

sklearn 是一个可以进行人工智能算法的模块，而 sklearn. neighbors 指的是 sklearn 中的 neighbors 工具。该句话的含义是从 sklearn. neighbors 工具中引入 KNeighborsClassifier 分类器，并用 knn 这个简称代替之。

接下来第 5 行~第 11 行程序定义了图 1-4 Excel 表格中的数据：

```
5    ar_x=[[4032,1680,1450,5.3,5.6],
6          [4330,1535,1885,7.8,14.5],
7          [4053,1740,1449,6.2,10.8],
8          [5087,1868,1500,8.5,25.6],
9          [4560,1822,1645,7.8,15.8],
10         [3797,1510,1820,5.5,9.6]]
11   ar_y=[0,1,0,1]
```

程序定义一个数据结构 ar_x，它用一组嵌套的“[]”表达了电子表格中的数据，这种结构术语称为 array，“[]”表达集合的概念，里层的“[]”表达电子表格中的每行数据，最外层的“[]”表达了“行的集合”，而对于车型推荐标志“+”和“-”用另一个 array：ar_y 存储，在这里用 0 代表“推荐”，用 1 代表“不推荐”。

在 ar_min=np. min(ar_x,0) 中，np. min 是用来求矩阵最小元素的工具，0 是指求每列的最小值，之后将求得的最小值存在 ar_min 中。

下一行 ar_mn=np. max(ar_x,0)-ar_min 中的 np. max 与 np. min 功能相反，求矩阵最大元素，然后计算了最大值和最小值的差存放在 ar_mn 中。

nor_ar =np. around((ar_x-ar_min)/ar_mn,4) 按照公式 1-2 的形式完成所有数据的归一化，其中 np. around 的含义是保留小数，后面的参数 4 表示结果保留 4 位小数。

model=knn(n_neighbors=3) 建立了一个 kNN 模型，其中 k=3，然后用训练集具体化了这个模型 model. fit(nor_ar[:4], ar_y)，因为本章的训练集只有 4 个数据，所以使用nor_ar 矩阵的前 4 行数据即可，nor_ar[:4] 的含义就是取 nor_ar 的前 4 行的值，由于在 Python 这种编程语言中序列编号从 0 开始，所以实际是 nor_ar[0]、nor_ar[1]、nor_ar[2] 和 nor_ar[3] 这 4 行数据，同时将整个 ar_y(0,1,0,1) 也传入模型。

最后，语句 pre=model. predict(nor_ar[4:6]) 使用 model. predict 方法预测了 nor_ar 后两个数据(nor_ar[4],nor_ar[5]) 的类型，并使用 print 进行打印，结果为[0,1]。可以得知，预测模型在测试集上获得了 100%的正确率。

至此完成了利用 kNN 算法进行车辆推荐案例的编程，因使用的代码比较简单，读者反复使用就会基本掌握。

1.6 本章小结

本章演示了 kNN 算法的应用，总结人工智能算法术语和应用流程，要点如下。

kNN 是监督学习的一种，监督学习的数据必须有“分类标签”，kNN 通过“距离”判定“类别”，通过考虑 k 个最近邻的类别，确定“待分类”数据的类别，其中 k 个最近邻的类别可由“简单多数”原则确定。

在 kNN 算法中，除了日常熟悉的平面和三维空间距离外，又扩展了多维空间的距离。多维空间可以表达事物的多重特征，不同于日常习惯的三维空间它是一个逻辑的空间。

在事物拥有多重特征时，可以使用归一化（Normalization）方法，平衡特征权值对结果的影响。同时，归一化有提高训练效率的作用。

通过 kNN 总结人工智能算法的一般求解过程，包括整理数据（特征工程）、通过数据训练模型、验证模型、利用模型生产。如果模型在测试数据上都不能达到令人满意的正确率则称“欠拟合”，但是经常会出现模型在测试数据中可以获得很好效果，而在泛化中正确率明显降低的“过拟合”情况，其原因是用来求解模型的数据与真实数据对比存在规模小、特征偏颇等不足，所以保证训练数据拥有合理的规模和完备的特征对于人工智能算法而言是十分重要的。

1.7 本章练习

1. 判断对错。

① 监督学习所用的数据集一定需要标记。 （ ）

② 均一化后的数据必定大于等于 0 且小于 1。 （ ）

③ 人工智能算法在测试集上获得的正确率越高，说明算法越有效。 （ ）

④ kNN 算法中的 k 值最好是奇数。 （ ）

⑤ kNN 算法中的 k 值越大越好。 （ ）

⑥ 解决过拟合的方法之一是增大数据集。 （ ）

2. 写出下面数组“归一化”后的结果。

62,14,24,147,85,36,96,130,144,105,121

3. 试分析如何判断如图 1-13 所示中的问号点的类别应该是方形还是三角形？

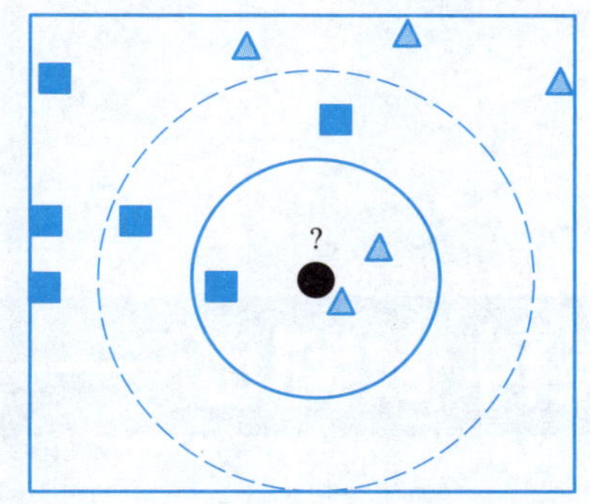

图 1-13 判断问号点的类别

4. 某购物网站提供了以往购物数据，见表 1-5，请设计一个方法，从网络购物数据判断用户性别，并验证。

表 1-5 网站购物统计数据

年度购买洗涤制品次数	年度购买音像制品次数	客 户 性 别
15	3	女
10	2	女
5	14	男
18	4	女
3	15	男
4	11	男
5	13	男
2	10	男
14	5	女
11	2	女

第2章　由条件做判断——朴素贝叶斯

在第 1 章中展示了人工智能在电子商务领域的应用，当用户翻看了几个车型广告的网页后，通过人工智能算法，网站在后续浏览过程中为该用户推荐其他车型的广告，获得了用户的认可。但是能否做得更多呢？类似车辆信息的数据都描述同一事物，而如何从互不相干的数据中会发现规律呢？古人说“一叶知秋”，就是说线索与结果之间存在联系，看见落叶就知道秋天要来了，落叶就是判断秋天的线索。在现代社会中，随着数据量的不断增大，数据中蕴藏的线索也不断增多，当多个线索被发现时，意味着某种结果的确认，但是人工智能算法可以从线索中定量地计算出结果发生的可能性大小，这就使人们能够在多个预测中找到更具优势的一个，本节将介绍利用朴素贝叶斯算法（Native Bayes）来挑选更有可能性的结果。

学习与素质目标

2.1　计算事物发生的可能性

微课 2-1
朴素贝叶斯(1)

事物发生的可能性可用概率表达，例如，如图 2-1 所示容器中有 5 个质地和大小一样但面值不同的钱币，其中 50 元的钱币 3 个，100 元的钱币 2 个。那么取出一个 100 元面额的钱币的概率是 2/5，取出一个 50 元面额钱币的概率是 3/5。

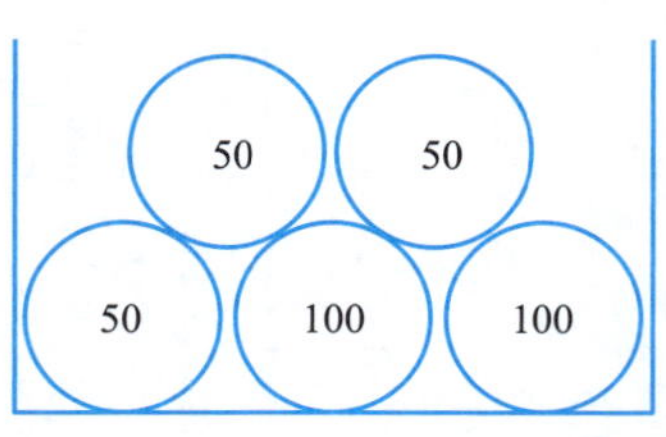

图 2-1　从容器中随机取硬币

用数学方式将随机取硬币的过程和结果进行标记，可表示为 $P(100)=2/5$，$P(50)=3/5$，显而易见的是，取出来不是 100 元就是 50 元的概率 $P(100 \text{ or } 50)$ 必然是 1，也就是事物各种情况的概率之和为 1，这些都是理所当然的道理。下面接着考虑图 2-2 的状况，还是这 5 个钱币，将其中两枚钱币染成蓝色，如何计算和表达拿到蓝色 50 元钱币的概率呢？

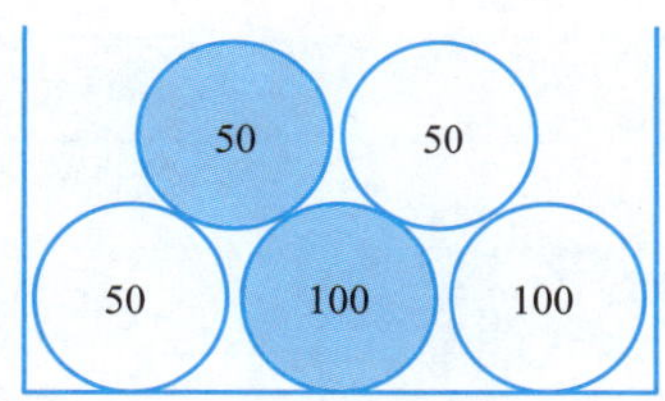

图 2-2 钱币分置两个区域

其中一种计算方法是这样：拿到蓝色钱币的概率 $P(蓝)=2/5$，而蓝色中 50 的概率是 1/2，这可以记做 $P(50 \mid 蓝)=1/2$，那么拿到蓝色 50 元钱币的概率是 1/5（$2/5\times1/2$）。

另一种方法：拿到 50 元面额钱币的概率 $P(50)$ 是 3/5，拿到 50 面额的蓝色钱币概率可以表示为 $P(蓝 \mid 50)=1/3$，那么拿到 50 元蓝色钱币的概率也是 1/5。两个方法必然计算出来相同的结果，因为“蓝色 50 元”和“50 元蓝色”实际的含义一致。

通过上面的两段话可以总结出一个表达式：

$$P(50 \mid 蓝)=P(50)\ P(蓝 \mid 50)\ /\ P(蓝)$$

将其一般化后就是著名的贝叶斯公式（Bayes）：

$$P(a \mid b)=P(a)\ P(b \mid a)\ /\ P(b) \tag{2-1}$$

不要被“金钱”和“颜色”限制了思考，其实这里的面额和颜色代表事物的不同（任何）属性。因此，可以将这个公式用于很多预测场景。

例如，今天刮风，那么会下雨吗？按公式考虑：

$$P(下雨 \mid 刮风)=P(下雨概率)\ P(刮风 \mid 下雨)\ /\ P(刮风概率)$$

初看没什么稀奇，但该公式的实际意义在于，推测今天是否下雨，可以通过以往一段时间可观测到的下雨概率、刮风概率和下雨时刮风的概率计算得出。从某种程度说，就是未知的结论（未来）可以通过对以往记录的计算（经验）判断得出。

例如，记录一年（设有 366 天）的天气情况，其中下雨时间 61 天，那么下雨概率记为 1/6，以往下雨时刮风的概率根据记录查询得知为 1/2，同样，根据记录一年来刮风的概率为 122 天，其概率就是 1/3。于是今天刮风条件下有雨的概率 $P(下雨 \mid 刮风)=1/4$。这时只能说，根据历史记录，今天因为刮风所以有 25% 的概率下雨，但是并不能马上预报今天必定下雨，因为按这种思路，还可以根据以往记录计算出刮风条件下

晴天的概率P(晴天|刮风)以及刮风条件下冰雹的概率 P(冰雹|刮风)等，假若计算完成后的结果见表 2-1。

表 2-1 针对一年来的天气记录计算贝叶斯公式的结果

表 达 式	数 值
P(下雨|刮风)	0.25
P(冰雹|刮风)	0.08
P(晴天|刮风)	0.28
P(阴天|刮风)	0.27
…	…

做判断时，相对于每个概率的数值，概率间的大小更重要，如果一定要选个结果做天气预报，相信读者一定会选概率得分最高的“晴天”，即在多个概率得分中选正向结果，必定选得分最高的。

使用同样的方式还可以计算很多场景，例如本月经济数据 CPI 上涨，那么股市会上涨还是下跌？某人在某网站交易了电子游戏机，那么应该向他推荐啤酒还是口红？

当然对很多个问题仅凭一个条件就做出判断有些武断，贝叶斯公式的好处是可以兼顾很多条件，处理方法是将条件概率简单相乘：

$$P(c\mid x)=\frac{P(c)P(x\mid c)}{P(x)}=\frac{P(c)}{P(x)}\prod_{i=1}^{d}P(x_i\mid c) \tag{2-2}$$

其中，$\prod$ 表示求积运算。

由于公式 2-2 中的 $P(x)$ 对所有属性相同，可以省略，又因为利用朴素贝叶斯方法进行分类的优势是能够在诸多猜测结果中给出最优结果，所以需要用 argmax 函数选取结果中的最大值，那么朴素贝叶斯的最终公式如下面公式 2-3 所示，这个结果也可作为概率估计值：

$$h_{nb}(x)=\underset{c\in y}{\operatorname{argmax}}P(c)\prod_{i=1}^{d}P(x_i\mid c) \tag{2-3}$$

2.2 根据消费记录洞察新需求

微课 2-2
朴素贝叶斯(2)

假设某网站记录了一系列用户的消费行为，见表 2-2，其中 T 表示有此类消费，F 表示无此类消费，需要通过这些消费记录判断向消费者推荐口红或是啤酒。首先需要将数据分为训练集和测试集。从表中可知，有 16 条已经标注的数据，取

25%作为测试数据（表 2-2 中第 7 行～第 10 行），而将其他数据作为训练数据。那么将利用第 1 条～第 16 条数据建立并测试预测模型，然后利用模型预测第 17 条和第 18 条数据的分类标记。

表 2-2 消费行为数据

数据序号	推荐标记	消费记录			
		维修工具	杂志	电影票	电子游戏机
1	啤酒	T	F	F	T
2	啤酒	F	F	T	F
3	啤酒	T	T	F	T
4	啤酒	F	F	F	T
5	啤酒	T	T	F	T
6	啤酒	T	F	F	T
7	啤酒	F	F	F	T
8	啤酒	T	T	F	T
9	口红	F	T	T	F
10	口红	F	T	T	F
11	口红	F	T	T	F
12	口红	T	F	T	F
13	口红	F	T	F	T
14	口红	F	F	T	T
15	口红	F	F	T	F
16	口红	F	T	T	F
17	?	F	T	F	F
18	?	F	T	T	T

首先只需要针对训练集做出条目统计，由于只做条目统计，所以比 kNN 的计算量小很多。为了方便计算，先把表 2-2 在 Excel 中重新排列一下，如图 2-3 所示。

由于希望简单地说明问题，所以并没有列出大量的数据，这样更容易理解计算过程。例如，训练集的数据一共 12 条，其中分类为啤酒的数据 6 条，那么啤酒分类的概率记为 $P(b)=0.5$；由于标记为口红的训练集数据也是 6 条，所以口红分类的概率记为$P(l)=0.5$。

下面统计计算条件概率的情况。如图 2-4 所示中只有 6 条啤酒标记数据，目视可以清点，但是如果数据大量增加则还需要一个巧妙的数据处理方法减低“清点统计”的工作量，首先将所有“T”替换成 1，将“F”替换成 0（实际情况下，这种数据处理过程放在划分训练集和测试集之前进行比较高效，为讲述方便，调整了次序）。这是进行数据处理时的常用技巧，其好处是，统计“T”标志的条目数量时只需要简单的求和运算，如图 2-4 中的 C8 单元格，而这时求概率就变成了求该列平均值，如图 2-5 中的 C9 单元格。利用这种方法省去了手工清点的过程，而利用公式可以处理大量数据，在图 2-6 中利用拖曳，完成其他数据的计算并保留 4 位小数，由于 T 和 F 表达相反的行为，所以可以通过简单的减法获得相反行为的概率。

	A	B	C	D	E	F
1	数据序号	推荐标记	消费记录			
2			维修工具	杂志	电影票	电子游戏机
3	1	啤酒	T	F	F	T
4	2	啤酒	F	F	T	F
5	3	啤酒	T	T	F	T
6	4	啤酒	F	F	F	T
7	5	啤酒	T	T	F	T
8	6	啤酒	T	F	F	T
9	11	口红	F	T	T	F
10	12	口红	T	F	T	F
11	13	口红	F	T	F	T
12	14	口红	F	F	T	T
13	15	口红	F	F	T	F
14	16	口红	F	T	T	F
15	7	啤酒	F	F	F	T
16	8	啤酒	T	T	F	T
17	9	口红	F	T	T	F
18	10	口红	F	T	T	F
19	17	?	F	T	F	F
20	18	?	F	T	T	T

图 2-3 按训练集、测试集重排数据

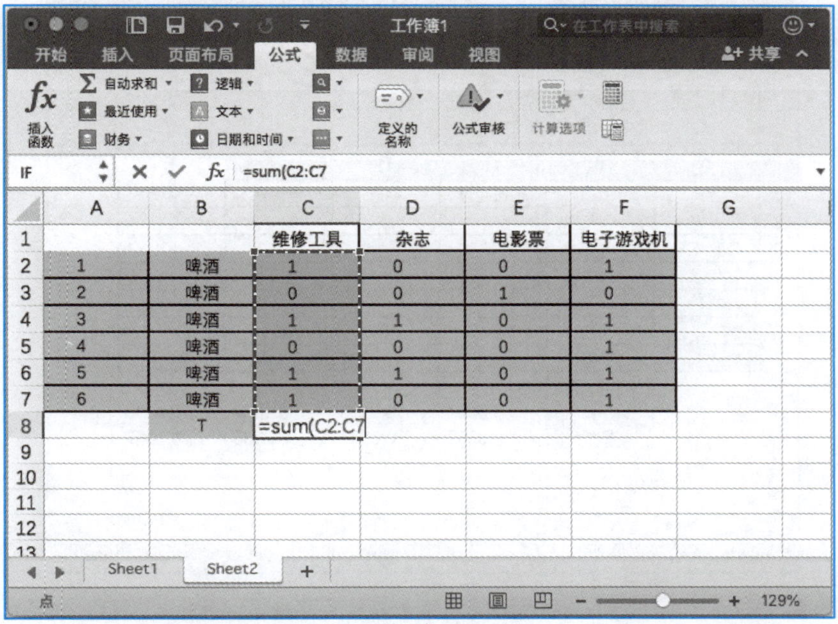

图 2-4 计算啤酒标记的训练集数据的条件概率

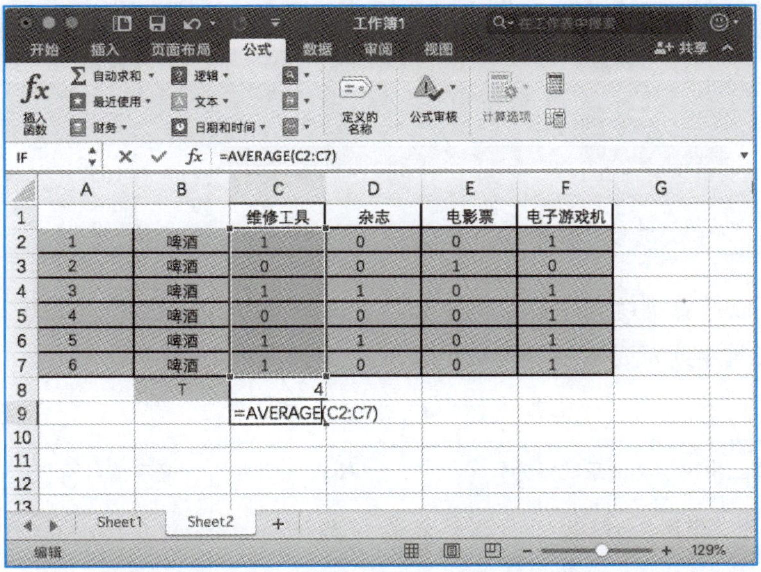

图 2-5 利用 average 函数求概率

数据计算完成后，根据图 2-6 可以将数据整理表示成为表 2-3。

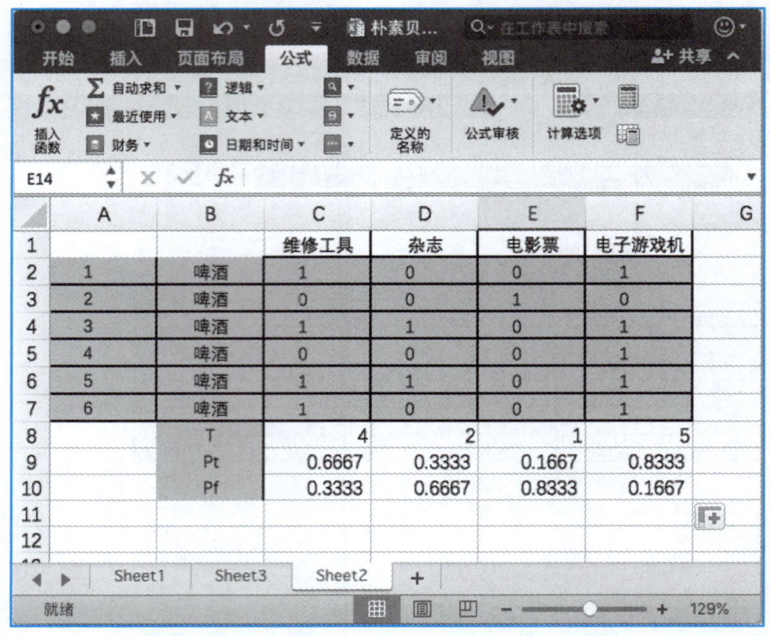

	A	B	C	D	E	F
1			维修工具	杂志	电影票	电子游戏机
2	1	啤酒	1	0	0	1
3	2	啤酒	0	0	1	0
4	3	啤酒	1	1	0	1
5	4	啤酒	0	0	0	1
6	5	啤酒	1	1	0	1
7	6	啤酒	1	0	0	1
8		T	4	2	1	5
9		Pt	0.6667	0.3333	0.1667	0.8333
10		Pf	0.3333	0.6667	0.8333	0.1667

图 2-6　利用拖曳完成其他属性的概率计算

表 2-3　啤 酒 数 据

购买啤酒用户的其他采购行为	概率表示	概率值（T）	概率值（F）
购买工具（tools）	$P(t\|b)$	0. 6667	0. 3333
购买杂志（magazine）	$P(m\|b)$	0. 3333	0. 6667
购买电影票（film）	$P(f\|b)$	0. 1667	0. 8333
购买电子游戏机（electronic games）	$P(e\|b)$	0. 8333	0. 1667

同理，可以计算训练集中标记为“口红”的采购记录的数据，如图 2-7 所示。同样，数据计算完成后可以将数据整理表示成为表 2-4 的形式。

表 2-4　口 红 数 据

购买口红用户的其他采购行为	概率表示	概率值（T）	概率值（F）
购买工具（tools）	$P(t\|l)$	0. 1667	0. 8333
购买杂志（magazine）	$P(m\|l)$	0. 5	0. 5
购买电影票（film）	$P(f\|l)$	0. 8333	0. 1667
购买电子游戏机（electronic games）	$P(e\|l)$	0. 3333	0. 6667

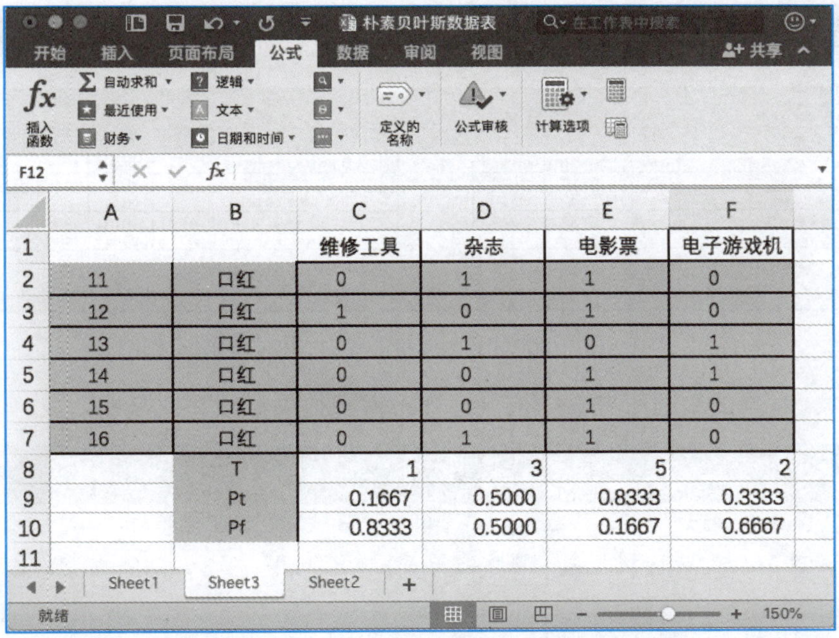

	A	B	C	D	E	F
1			维修工具	杂志	电影票	电子游戏机
2	11	口红	0	1	1	0
3	12	口红	1	0	1	0
4	13	口红	0	1	0	1
5	14	口红	0	0	1	1
6	15	口红	0	0	1	0
7	16	口红	0	1	1	0
8		T	1	3	5	2
9		Pt	0.1667	0.5000	0.8333	0.3333
10		Pf	0.8333	0.5000	0.1667	0.6667
11						

图 2-7 利用 sum 和 average 函数处理“口红”数据

这时模型的要素准备完毕，现在可以进行判断了，观察表 2-5 中的测试数据（截取自表 2-2）。

表 2-5 测试集数据

7	啤酒	F	F	F	T
8	啤酒	T	T	F	T
9	口红	F	T	T	F
10	口红	F	T	T	F

例如，第 7 条数据的值是“F、F、F、T”，那么对于购买啤酒或口红概率的计算应该首先将表 2-3 和表 2-4 的相应数据分别相乘，即图 2-8 中的阴影部分所标记的数据。

第 1 步，对于啤酒来说，由 0.3333、0.6667、0.8333、0.8333 连乘，保留 4 位小数的结果是 0.1543；对于口红，则是由 0.8333、0.5、0.1667、0.3333 连乘，保留 4 位小数的结果是 0.0231。

第 2 步，由之前 $P(b)=0.5$，所以对于 P(啤酒-条件)的计算结果是 0.0771。

第 3 步，$P(l)=0.5$，那么 P(口红-条件)的计算结果是 0.0116。

比较第 2 步和第 3 步的结果，判定这条数据最终分类应该是“啤酒”，对比测试集中预先的标记，即可判断结果是否正确。

购买啤酒用户的其他采购行为	概率表示	概率值(T)	概率值(F)		购买口红用户的其他采购行为	概率表示	概率值(T)	概率值(F)
购买工具（tools）	P(b|t)	0.6667	0.3333		购买工具（tools）	P(l|t)	0.1667	0.8333
购买杂志（magazine）	P(b|m)	0.3333	0.6667		购买杂志（magazine）	P(l|m)	0.5	0.5
购买电影票（film）	P(b|f)	0.1667	0.8333		购买电影票（film）	P(l|f)	0.8333	0.1667
购买电子游戏机（electronic games）	P(b|e)	0.8333	0.1667		购买电子游戏机（electronic games）	P(l|e)	0.3333	0.6667

图 2-8 表 2-3 和表 2-4 中参与计算的数据

类似的，对测试集的所有数据依次计算，得到结果如图 2-9 所示。

	分类标记	维修工具	杂志	电影票	电子游戏机	P(啤酒-条件)	P(口红-条件)	预测分类
7	啤酒	F	F	F	T	0.077150463	0.011574768	啤酒
8	啤酒	T	T	F	T	0.077150463	0.002315509	啤酒
9	口红	F	T	T	F	0.001543518	0.115737268	口红
10	口红	F	T	T	F	0.001543518	0.115737268	口红

图 2-9 完成测试集所有数据的计算

可以看出，对测试集的预测取得 100% 的正确率，这时可以将这个模型应用于未知的数据。读者可以自行计算表 2-2 的第 17 条和第 18 条数据。

2.3 算法的改进

显而易见，同第 1 章的 kNN 算法相比，贝叶斯算法的计算效率大大提高，并且在数据较少的情况下依然有效，同时利用贝叶斯算法可以解决多分类问题，但是贝叶斯算法对数据的准备方式比较敏感。

利用贝叶斯方法构建模型时有两个小问题需要解决，例如，在统计某属性概率时出现“0 值”怎么办，由于贝叶斯公式的连乘形式，若某属性出现 0 值会将其他信息一并“消除”，所以在这里需要进行一种“平滑计算”（Smoothing）。常用的平滑方式叫“拉普拉斯修正”（Laplacian Correction），其方式很简单，即在计算概率时分子递增 1，而分母加上训练集总的分类数，这样就保证在偏差不大的情况下去除了“0”值的问题。

还有一种情况可以想到，由于概率值必定不大于 1，如果在属性较多的时候运用贝叶斯方法时必然会产生多个小于 1 的小数相乘的现象，其最终结果是趋向于 0 的，特别是计算机最多只能分辨 16 位有效数字（单精度情况，只分辨 8 位有效数字）。解决这个问题，需要用到高中数学的对数知识“相乘可以表达成为取对数相加”，这样就避免了结果趋近于 0 的问题。

2.4 训练集、测试集对结果的影响以及算法评价

考虑 kNN 和贝叶斯方法的求解过程，发现在利用人工智能算法解决问题时总离不开将数据划分为训练集和测试集，以及训练完成后对算法的评价，那么训练集和测试集对算法会产生什么影响？

微课 2-3
朴素贝叶斯(3)

训练集和测试集将对算法的构建和评价产生很大影响，例如针对表 2-2 的数据，如果按图 2-10 的区域选取区域 1 作为训练集，区域 2 作为测试集，那么数据集对“口红”类数据的覆盖相比较于“啤酒”类数据显然不足，将可能导致某些属性的统计偏差，以至于得到的预测模型也产生偏差。而在测试方面，由于区域 2 对啤酒数据覆盖不够，所以对模型在“啤酒”类数据的性能测试也有欠缺。总结可知，数据

数据序号	推荐标记	消费记录			
		维修工具	杂志	电影票	电子游戏机
1	啤酒	T	F	F	T
2	啤酒	F	F	T	F
3	啤酒	T	T	F	T
4	啤酒	F	F	F	T
5	啤酒	T	T	F	T
6	啤酒	T	F	F	T
7	啤酒	F	F	F	T
8	啤酒	T	T	F	T
9	口红	F	T	T	F
10	口红	F	T	T	F
11	口红	F	T	T	F
12	口红	T	F	T	F
13	口红	F	T	F	T
14	口红	F	F	T	T
15	口红	F	F	T	F
16	口红	F	T	T	F
17	?	F	T	F	F
18	?	F	T	T	T

区域1
区域2

图 2-10 有偏差的数据集选取

选取的要点是“均匀覆盖”，无论训练集和测试集，都应该保证数据属性的均匀并且最好覆盖到所有类型的数据和数据属性。

扩大数据集是消除偏差的最有效方法，数据集偏小容易导致样本片面强调某些属性或遗漏其他属性，样本的特殊性将传递给模型，导致模型在预测时产生偏差，即常说的“过拟合”。所谓过拟合，就是指针对现有样本数量训练强度过大，导致模型用“训练集的特殊性”代替了现实世界的普遍性。过拟合的特点是在“测试集”上表现优异，但到了泛化阶段，性能却下降严重。例如，需要训练人工智能辨识树叶，由于数据采集的原因，提供给计算机的图像数据都是边缘参差不齐的，如图 2-11（a）所示。训练完成后模型在“测试集”上也取得很好的识别率，但到了现实世界，模型却不能识别如图 2-11（b）所示的边缘光滑的叶子。

图 2-11 训练集和测试集（a）与现实世界中的叶片（b）对比

训练集和测试集尽量不相交也是分配训练集和测试集的原则，其原因显而易见，重复答案的测试没有意义。这也是“留出法”的基本要求。留出法指在数据集中划分两个互斥的集合，其中一个作为训练集（本书简称为 S），另一个做测试集（本书简称为 T）。一般情况下，当然希望 S 较大，这样训练出的模型与整个数据集较为匹配，但是增大 S，必然使 T 减小，从而导致测试不够充分。为平衡性能，一般情况下取 2/3～4/5 的数据作为训练集，而将剩下的数据做测试集。

在数据集设置方面有一个方法叫作 k 折交叉验证法（k-Fold Cross Validation），它以图 2-12 中示意的形式设定训练集和测试集，将数据分成 k 个不交叉集合，每次用 $k-1$个集合做训练集，用剩下的数据做测试集。

训练	训练	训练	训练	测试
训练	训练	训练	测试	训练
训练	训练	测试	训练	训练
训练	测试	训练	训练	训练
测试	训练	训练	训练	训练

图 2-12 k 折交叉验证法

对人工智能应用模型的评价在人工智能应用中也是一个重要的问题。对模型的评价应该从两个方面入手，一方面是准确性，另一方面是全面性。例如，利用人工智能方法检测网络环境中安全问题，发现 10 个问题，经检验其中 9 个确实是安全问题，那么这个人工智能模型应用的准确率是 90%。但是，准确率并不能完全描述性能，比如在类似的问题中可能还关心是否所有的安全问题都被找到？这种描述全面性的能力被称为“召回率”，即为找到问题个数与实际问题个数的比值。

如何提高准确率呢？如果只确认十分有把握的问题就可以提高准确率，例如只找 5 个确实能确认的问题，于是准确率提高到 100%，但显然召回率下降了。如何提高“召回率”呢？很简单，“捕风捉影”即可，极端情况下把所有待定问题都确认为有问题，这样“召回率”就可以达到 100%，只是准确率必然下降。因此，召回率和准确率是一对矛盾概念，是从两个不同角度反映了预测模型的性能，如图 2-13 所示。当在安全、医疗等类型问题中可能强调“不能放过任何疑点”，就要强调较高的“召回率”；当寻找投资机会等应用时，不需要强调“机会”而是要强调有效性并避免损失成本，那么这时要强调“准确率”。

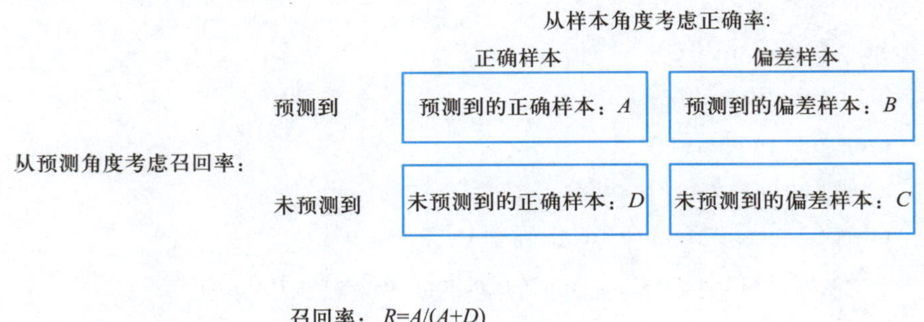

召回率：$R=A/(A+D)$

准确率：$P=A/(A+B)$

图 2-13 算法评价的两个指标

微课 2-4
朴素贝叶斯(4)

2.5 利用程序解决问题

本章算法的程序实现代码如下：

```
#coding:utf-8
import numpy as np
from sklearn.naive_bayes import GaussianNB
```

```
4
5    of=open('data.csv','r')
6    x=[]
7    y=[]
8    for line in of:
9        li_t=line.split(',')
10       y.append(int(li_t[0]))
11       x.append([int(li_t[1]),int(li_t[2]),int(li_t[3]),
           int(li_t[4]),int(li_t[5])])
12
13   fd=int(len(x)*0.9)
14   train_x=x[:fd]
15   test_x=x[fd:]
16   train_y=y[:fd]
17   test_y=y[fd:]
18   gnb=GaussianNB()
19   fit1=gnb.fit(train_x,train_y)
20   pre=gnb.predict(test_x)
21   r_n=(test_y==pre).sum()
22   print ("总测试条目=%d,正确率
     =%5.2f"%(len(test_x),float(r_n/len(test_x)*100)))
```

第 1 行 *#coding:utf-8* 表明该程序中可以用 UTF-8 字符，包括中文字符。第 2 行和第 3 行，准备了 numpy 和 naive_bayes 两个库，naive_bayes 库中包含本程序所需要的朴素贝叶斯算法。由于本案例的数据以 Excel 的 csv 文件形式保存在 data.csv 文件中，所以第 5 行利用 open('data.csv','r') 打开 data.csv 文件，其中 r 表示用“只读”的方式打开，文件的内容使用 of 集合表示。

第 6 行和第 7 两行代码定义了 x 和 y 两个数组，y 用来存放标记，x 存放数据属性。

第 8 行~第 12 行使用 line 遍历 of 集合的方法，针对 x、y 两个数组填充了 of 中的数据，其中每行的第 0 个元素即标记数据放入数据 y，而每行的“属性数据”放入 x。不同于第 1 章的程序，本章开始，数据将以文件形式保存，这样就可以处理规模较大的数据集，但是这种逐个读入、整理数据的方法是最原始的，这类方法的优势在于能够将数据逐个转换成所需要的形式，而缺陷在于处理的效率较低。在后面的章节中将

介绍更有效率的数据装载方法。

第 13 行指定了训练集的占数据集的比例，由于只是一个示例，为了便于计算，将 90%的数据指定为训练集。之后第 14 行~第 17 行中[:fd]表达下标从 0 至 fd，即序列 0 到 fd-1，而[fd:]则表示下标 fd 到序列末尾的所有元素。

再附加一个功能，计算一下准确率。

对代码来说，若不改变求解方法，针对不同任务只需要第 5 行加载不同数据，而求解的过程则无须改变。读者可以体验一下，在本书配套资源文件的第 2 章中有一个 moredata.csv 文件，大约有 500 行数据，这个数据集与本章的购物案例无关，它记录了花瓣长度、外观与种类的关系。将程序的数据准备部分改成从文件读入，其余部分不变，可以发现程序针对新数据计算出了结果，且达到了较好的效果。这说明设计良好的代码和模型虽抽象，但是能应用于多种场合而改动较小，而类似 Excel 表格这种具体的操作扩展性较差。这也说明一个道理，即越抽象的方法通用性越高，越具体的方法针对性越强但通用性却较差。

2.6 本章小结 

本章介绍了朴素贝叶斯算法，它是一种利用概率理论的监督学习方法，通过朴素贝叶斯理论，可以利用可观测到的已经出现的数据，推测某事件的结果概率。

本节的算法求解过程中加入了处理数据的环节，其流程图如图 2-14 所示。

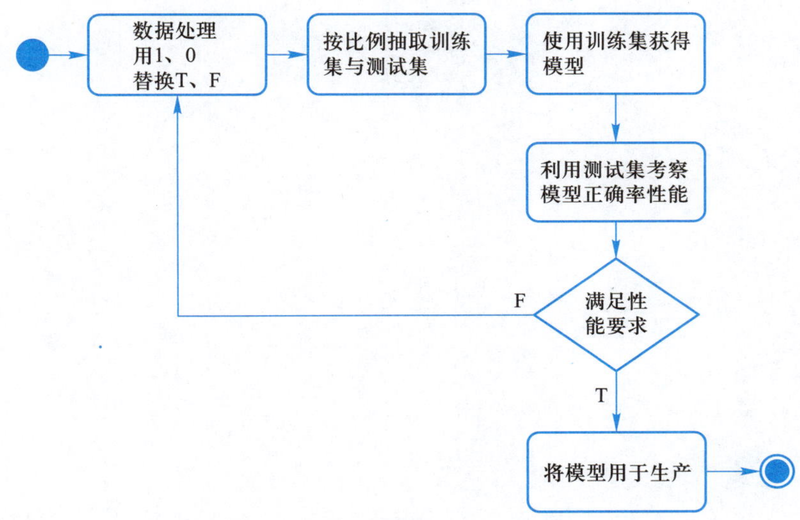

图 2-14 第 2 章算法的流程图

① 处理数据：将文本变换成易处理的数据信息。

② 分析数据，准备训练集测试集：需要考虑训练样本的均衡以及测试样本的普遍性。

③ 训练算法：计算所有相关概率并得到贝叶斯模型。

④ 测试算法：利用测试集测试模型的正确率。

⑤ 使用算法：在未知数据上实用模型获得实用结果。

在测试人工智能算法时，除了需要进行正确率检验以外，还应该进行召回率检验，但是召回率和正确率是一对相互制约的指标，在算法训练的过程中要根据应用的具体特点将选择适当的正确率和行召回率区间。

2.7 本章练习 

1. 利用一个 AI 图形识别算法在产品中寻找不合格产品：算法在一批产品中测试，其中包括 900 个正品和 100 个不合格品，算法运行的结果是将 120 个产品标记成不合格品，其中标记正确的为 80 个；之后对算法进行调整，这次算法运行结果是标记了 95 个不合格产品，其中标记正确的是 90 个。请分别计算两次测试的召回率和准确率。

2. 请参照 2.5 节的程序，尝试编程计算表 2-2 中第 17 行和第 18 行数据的分类信息。

第3章　决策的窍门——决策树

在既有多种选择又有多层次选择时，很多人就茫然了，要考虑先后次序，又要考虑条件的因果关系，让人难以抉择。人工智能会怎样处理此种问题？能否制造个机器，让人工智能替人完成选择呢？有，这就是**决策树**方法。在人工智能应用中决策树方法应用的范围非常广泛，它之所以被大量应用，因为它的原理直观而简单，易于理解。例如，在确定电视机质量时，可以先看外观是否合格，然后观察图像，接着再听听声音，这样就是一个三级决策，每级都有“是”和“否”两个结果，画出图来是一棵简单的树，所以被称为决策树。道理很好理解，但是问题来了，换个方式决策会有更高的效率吗？例如先检测电视图像，然后检测外观和声音会怎样？此时很多人又会犯“选择困难综合征”了。本章就将提供一种建立正确“决策树”的方法。

学习与素质目标

3.1　如何决策最有效率

微课 3-1
决策树(1)

如何正确决策并最有效率，可以理解为怎样划分信息，或怎样使不明确的信息更明确，再透过纷繁的信息抽丝剥茧，使最终的结论水落石出。这个问题一直是被形容性地描写，如“言简意赅”“清楚明白”，而从没被人精确地利用数学公式表述过，直到美国著名数学家克劳德·香农首先提出了衡量信息清晰程度的概念——信息熵（也称为香农熵）。在信息熵的概念产生之前，人们只能说“没准儿”“可能”“靠谱”“十有八九”，而利用“信息熵”就可以用公式计算出数据精确表达信息的“确切”程度。信息确切之后，决策就会有坚实的依据。

那么什么是信息熵呢？“可能性”难道不应该用概率表达吗？信息熵和概率有关但并不相同，概率是事物（信息）某个结论的可能性，而信息熵不关心个别结果，而是关心事物（信息）的明确程度。例如，某届亚洲杯足球赛，8 强夺冠的概率见表 3-1。

表 3-1 某届亚洲杯预测 8 强夺冠概率

中国	日本	卡塔尔	阿曼	朝鲜	韩国	阿联酋	科威特
0.225	0.025	0.15	0.065	0.185	0.2	0.125	0.025

进入 4 强后各队夺冠的概率见表 3-2。

表 3-2 某届亚洲杯预测 4 强夺冠概率

中国	日本	卡塔尔	阿曼
0.5	0.25	0.05	0.2

这时问题并不是猜测哪个队更容易夺得冠军，而是在 8 强产生的时候还是在 4 强产生的时候更容易推断冠军归属。体彩公司很关心此类问题，因为对难猜的结果设立更多的奖金才对，如果对简单的问题设立较多的奖金就会造成很大损失。第二个问题，假设这届亚洲杯足球赛 4 强的夺冠概率从表 3-2 变为势均力敌，即 4 支队伍各有 25% 的概率夺冠，那么体彩公司应该设立较大的奖金池还是缩小奖金池？这些决策都可以通过计算信息熵来解决。

首先，信息熵的定义如下：

$$E(X) = -\sum_{i=1}^{n} p(x_i)\log_2 p(x_i) \tag{3-1}$$

公式 3-1 看上去难懂，但可以通过实例来体会它到底描述了什么。按公式 3-1，第 1 个问题中 4 支队伍夺冠这件事的信息熵计算如下：

$$-(0.5\log_2(0.5)+0.25\log_2(0.25)+0.05\log_2(0.05)+0.2\log_2(0.2)) = 1.6805$$

而按此公式计算 8 支队伍夺冠的信息熵则是 2.707。

4 支队伍的信息熵更低，这意味着对于以上数据而言，4 支队伍更易推测冠军归属（猜中的人会更多）。

对第 2 个问题，4 强夺冠率变化后，信息熵计算变成：

$$-(0.25\log_2(0.25)+0.25\log_2(0.25)+0.25\log_2(0.25)+0.25\log_2(0.25)) = 2$$

从熵值升高得知推断冠军变得更难了，其困难程度甚于从 8 支队伍中推测冠军。这个结果也符合人们的认知，即势均力敌的比赛结果不好猜测，但是水平相差悬殊的比赛就容易猜出胜利者。基于越难的预测参与者越少的考虑，体彩公司可以增大奖金池，吸引参与者，而搞反了就会使得体彩公司损失巨大：对容易猜测的比赛奖金设多了，利润显然大大缩水。从这个案例中，读者可以体会信息熵的作用，以及信息熵和概率的联系。从体验中可以得知：一个系统越有序（即信息越明确），信息熵就越低，越混淆信息熵就越高，反之也成立。

那么人工智能领域应该如何决策呢？根据香农的理论，决策应该使信息熵越来越小，即信息变得越来越“明朗”。以往决策的难点在于多步决策的过程中，信息是否明朗很难确认（基本是听嗓门大的人的决策，先哲为了警示这点还特别指出：有理不在声高），但应用香农的理论简单地解决了这个问题，决策者可在决策前计算所有决策依据（信息）的熵，然后计算所依赖决策条件对熵的影响，二者之差称为“信息增益”，可由公式3-2表达。信息增益越大，决策后的熵越低，那么依次计算各数据属性（x_i）所产生的信息增益，选信息增益最大的属性作为决策条件，由此产生的决策路径就是最佳决策路径。

$$Gain(X) = H(x) - \sum_{1}^{n} (|x_i| / |X|) E(x_i) \quad (3-2)$$

由于数据集通常是离散的，所以“| |”运算即为相应数据条目数。

换句话更容易理解：既然信息熵描述的是信息明确性，信息越明确信息熵就越低，反之熵就越高，那么好的决策就会让熵下降得更快。而“糊涂”决策可能会使信息熵不降反升（经过决策，更不知怎么办好了），就像小明白问小糊涂“咱们去北京是乘火车还是长途客车呢”？小糊涂回答“骑车和坐飞机也行”。小糊涂不但没回答问题，而且给出了更多选项，这个问题的熵显然上升了。

3.2 利用“决策树”开发一个人工智能的信用卡审批系统

AI银行要求为其开发一套人工智能系统，当用户在线申请信用卡时，可以自动回复是否批准用户的申请。为此银行提供了以往的信用卡申请与审批记录，从中整理出训练数据见表3-3。

微课3-2
决策树(2)

表3-3 信用卡申请系统的训练数据

客户ID	是否拥有房产	婚姻情况	是否有未还贷款	是否被批准发放信用卡
1	否	单身	是	否
2	否	单身	否	是
3	是	单身	否	是
4	是	离婚	否	是
5	否	已婚	否	是
6	否	已婚	否	是
7	否	已婚	是	否
8	否	已婚	是	是

续表

客户 ID	是否拥有房产	婚姻情况	是否有未还贷款	是否被批准发放信用卡
9	是	已婚	否	是
10	否	离婚	否	否

首先将本案例所有数据看作一个节点，按最终的发放信用卡的分类标记计算其信息熵，由于有 7 条正向记录（被批准），3 条反向记录（被拒绝）：

$$P_{正例}=7/10=0.7$$

$$P_{负例}=3/10=0.3$$

$$S=-(0.7\log_2 0.7+0.3\log_2 0.3)=0.8813$$

观察“拥有房产”“婚姻状况”和“未还贷款”这 3 个属性，需要逐一计算每种属性的信息熵，例如先计算“拥有房产”属性的信息熵，可以用表 3-4 这样的形式表达来自表 3-3 的信息统计信息。从表 3-4 中可以很容易看出，3 个拥有房产的数据样例全部被批准了信用卡申请，而无房产的 7 个数据样例中有 4 个被批准而另外 3 个未被批准。总的数据数量为 10。

表 3-4　拥有房产情况与信用卡批复情况对照表

10	批　准	拒　绝
有房产	3	0
无房产	4	3

从表 3-4 中的数据计算房产属性两种情况的信息熵分别是：

$$E_{有房}=-((0/3)\log_2(0/3)+(3/3)\log_2(3/3))=0(因为信息熵规定 \ln 0=0)$$

$$E_{无房}=-((4/7)\log_2(4/7)+(3/7)\log_2(3/7))=0.9852$$

那么，房产属性的信息增益是：

$$Gain_{房产}=0.8813-((3/10)\times 0+(7/10)\times 0.9852)=0.1916$$

接下来考虑婚姻状况信息，可以整理出的数据见表 3-5。

表 3-5　婚姻状况与信用卡批复情况对照表

10	批　准	拒　绝
单身	2	1
已婚	4	1
离婚	1	1

于是对于婚姻的3种情况的信息熵分别是：

$$E_{单身}=-((2/3)\log_2(2/3)+(1/3)\log_2(1/3))=0.9183$$

$$E_{已婚}=-((4/5)\log_2(4/5)+(1/5)\log_2(1/5))=0.7219$$

$$E_{离婚}=-((1/2)\log_2(1/2)+(1/2)\log_2(1/2))=1$$

所以，婚姻状况的信息增益是：

$$Gain_{婚姻}=0.8813-((3/10)\times0.9183+(5/10)\times0.7219+(2/10)\times1)=0.0448$$

如此，可以算出“未还贷款”属性的信息增益是：

$$Gain_{贷款}=0.1916$$

这时按照信息增益最大的原则，可用“有无房产”和“有无贷款”作为第一次划分的依据，这里利用“有无房产”做第一次划分的依据，结果如图3-1所示，将树的分支称为“子树”，将没有子树的分支称为“叶子”节点，那么通过房产属性，将所有数据分为两个子树，“有房产”子树包含数据表中的3、4、9这3个节点，“无房产”子树包含1、2、5、6、7、8、10这7个节点。

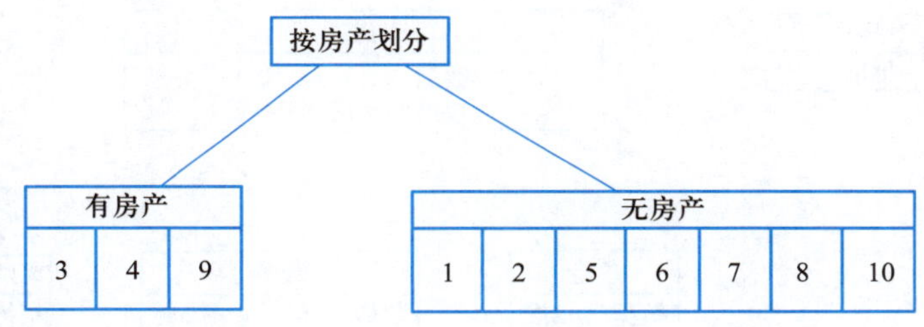

图3-1 第一次划分的结果

决策树的构建过程是一个递归的过程，所以需要确定停止条件。一种最直观的方式是保证每个叶子节点只包含同一种标记类型的记录。例如，“有房产”分支（子树）有3、4、9共3条数据，这些数据的“标记”都是“批准发放信用卡”类型，所以这个子树可以作为叶子节点，不需要再进行进一步划分；而“无房产”子树包含7条数据，需要按照“婚姻状况”和“未还贷款”两个属性继续划分，划分方法是继续计算该子树7条数据的信息熵。

对“无房产”子树的7条数据而言，按照表3-3的数据分别整理并计算信息增益：$G_{婚姻}=0.2359$，$G_{贷款}=0.1281$。那么很显然，应利用婚姻状况进行下一次划分，于是决策树又变成如图3-2所示的模样，这时“有房产”和“离婚”这两个子树可以停止划分变为“叶子”。

后面只剩有无贷款一个属性就简单多了，决策树最终变为如图3-3所示的样子，这时所有的叶子都已经具有单一分类标记，所以创建“决策树的过程”终止。

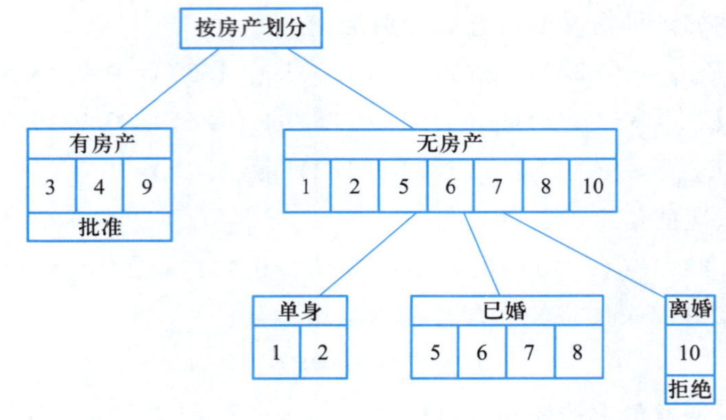

图 3-2 对“无房产”数据的划分

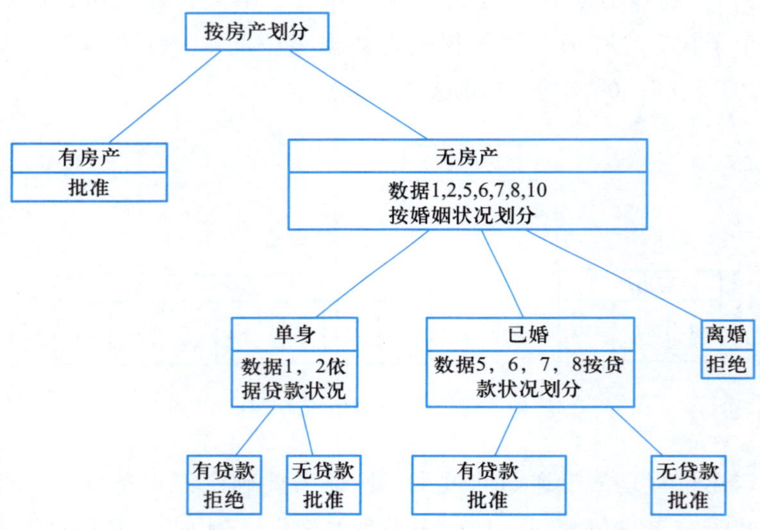

图 3-3 最终完成的决策树

通过训练集的所有数据创建决策树的过程“十分完美”，所有数据都映射为决策的节点，但是这样往往会使得树的节点过多，决策的过程过多地考虑了训练集的数据细节，从而导致过拟合问题。一种可行的解决方法是当前节点中的记录数低于一个最小的阈值，那么就停止分割，将 $\max P(i)$ 对应的分类作为当前叶子节点的分类，这被称为剪枝（Pruning）。例如，将图 3-3 中的决策树剪枝变为如图 3-4 所示，其中“已婚”子树经过了剪枝处理，剪枝是决策树方法中应对“过拟合”的有效手段。

之后，读者可以用本书配套资源中的“测试集”数据文件，进一步考察该决策树的“准确率”与“召回率”。

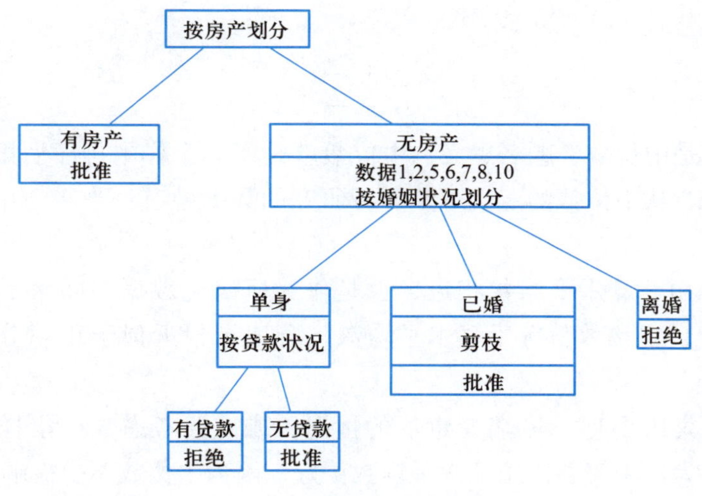

图 3-4 剪枝后的决策树

3.3 处理数据的瑕疵以及特征工程

微课 3-3
决策树(3)

在 3.2 节中完成了一个审核信用卡系统，但是作为一个实际应用，总会需要处理一些“意外情况”。例如，在学习过程中，发现某条数据中信息不全怎么办？另外在上面的信用卡案例中只考虑有无贷款还是太武断，是否应该综合考虑每月收入是多少、贷款月均还款额和刚性消费等，那么数据类型就从离散型的数据（是否、高低等）变为连续性的数据，这就需要做进一步的数据处理，还有，更好的办法是将收入、贷款月均还款额、月均刚性消费等类似属性合并成一个更易懂的属性如“月均可支配收入”，这样就可以减少属性，大大简化决策树的生成。这种变换数据提高人工智能模型构建效率的工作称为“特征工程”。

先考虑第一个问题，数据缺失怎么办？应对“缺失”这种缺憾，只能补救，所有的方法都只能接近而不可能达到信息完全的状态，与第 2 章中拉普拉斯平滑类似，可以采用将缺失数据在该属性的不同样本概率中各记一次的方式解决。

对将连续值转换为离散值，以及其他特征工程问题，解决的方案很多，如可以设定几个取值区间[0,1000]、(1000,5000)、[5000,10k]，从而将从 0 到 10000 的连续值分解为 3 个离散值。

但是对于连续值的集合来说，如何划分区间更合适？这里有几个可能用于划分区间的特殊“点”需要读者了解。

首先是平均值或算术平均值，就是所有 n 个样本的值相加除以样本个数 n，表示样本的密度，如公式 3-3 所示。

$$\bar{x} = \frac{1}{n}\sum_{1}^{n} x_i \tag{3-3}$$

第 2 个概念是中位数，顾名思义，中位数就是将 n 个样本排序后第 $n/2$ 上取整的位置的元素的值。从中位数的定义可知，所研究的数据中有一半小于中位数，一半大于中位数。

中位数的作用与算术平均数相近，也是作为所研究数据中间水平的代表值。在一个等差数列中，中位数就等于算术平均数，若记录集近似于正态分布，中位数也接近平均数。

但是在记录集中出现了极端变量值的情况，或需要考虑数据集样本个数的情况下，用中位数作为代表值要比用算术平均数更好，因为中位数不受极端变量值的影响。一般情况下可以考虑将不大于中位数的最大值作为离散化的划分点。

在处理数据时，还要观察数据整体的分布情况，这时就要使用“方差”和“均方差”这样衡量“数据分布特性”的数据指标。其中，方差是指每个样本值与全体样本值的平均数之差的平方值的平均数，即：

$$s^2 = \frac{1}{n}\sum_{1}^{n} (x_i - \bar{x})^2 \tag{3-4}$$

可以看出方差记录的是与样本集平均值的偏离程度，可以用来衡量一批数据的波动大小（即这批数据偏离平均数的大小），并把它叫作这组数据的方差，记作 s^2。在样本容量相同的情况下，方差越大，说明数据的波动越大，越不稳定。由于方差是个平方值，与所考察的数据 x 有不同的量纲，所以，也使用“标准差”的概念来衡量数据的波动性。所谓标准差，就是方差的算术平方根，即：

$$s = \sqrt{s^2} \tag{3-5}$$

用标准差衡量偏差更为直观。

根据样本选取情况的不同，方差和标准差又有总体方差、总体标准差和样本方差、样本标准差的不同。如果使用的是样本的全部，那么就使用总体方差和总体标准差。但如果样本数很大，只对样本的一个子集进行考察，那么应该使用样本方差和样本标准差来考察样本的波动性。所谓样本方差，只是将总体方差中取所有 n 个样本的平均转变为取 $n-1$ 个样本的平均，即：

$$s^2 = \frac{1}{n-1}\sum_{1}^{n} (x_i - \bar{x})^2 \tag{3-6}$$

解决数据问题后，针对数据特点总结一下决策树算法的优势：计算复杂度不高，输出结果易于理解，可以处理样本值缺失的情况，对离散值和连续值的样本都适用。但需要注意的是，经验表明决策树最好应用于小数据集。

3.4 编程完成决策树的项目应用

编写程序利用决策树处理分类问题非常简单，其过程还是准备数据，划分训练集和测试集，然后构建模型并测试，获得满意正确率等指标后用于生产。代码如下：

```
1  #coding:utf-8
2  #导入 tree 模型
3  import numpy as np
4  from sklearn import tree
5  #准备数据
6  of=open('tree3.csv','r')
7  x=[]
8  y=[]
9  eg=0.6
10 for line in of:
11     li_t=line.split(',')
12     y.append(int(li_t[3]))
13     x.append([int(li_t[0]),int(li_t[1]), int(li_t[2])])
14 fd=int(len(x)*eg)
15 #利用训练集数据训练模型
16 dtc=tree.DecisionTreeClassifier()
17 dtc=dtc.fit(x[:fd],y[:fd])
18 #对测试集数据进行预测
19 res=dtc.predict(x[fd:])
20 #计算正确率
21 rr=(res==y[fd:])+0
22 print ("rr=%.2f%%"%(100.0*sum(rr)/len(rr)))
```

以上代码的输出如下：

rr=75.00%

观察以上程序能够发现，程序还是分为导入运算包、准备数据、训练模型和测试模型 4 个部分。

第 3 行导入了 numpy 计算工具。

第 4 行 from sklearn import tree 引入了 sklearn 工具中的“决策树”工具包。

同 2.5 节的代码一样，第 6 行读入了保存在文件中的数据。接下来第 7 行～第 13 行将属性数据装入 x，将标记数据装入 y。对比之前的程序，本程序第 9 行定义了新变量 eg，该变量的意义是表示将从数据集中选取 60%的数据作为训练集。

第 14 行 fd=int(len(x) * eg)中的 len(x)，利用了 len()函数计算了线性表 x 的长度，之后 int(len(x) * eg)利用 eg 截取了指定长度后，将取整后的数字作为数据集的长度。这样，在后面的程序中可以用 x[:fd]和 y[:fd]作为数据集，而 x[fd:]、y[fd:]可以作为测试集。

第 16 行和第 17 行构建了决策树模型。

第 19 行预测一下测试集，并将依据模型判断的结果存入 res。

第 20 行和第 21 行计算正确率并打印。首先用 res 和 y[fd:]进行比较得到一个布尔类型的线性表，此处若输出 res==y[fd:]的结果，则会得到[True True False True]，该结果不能直接进入计算，所以通过“+0”将 True 转换为数字 1，Flase 转换为数字 0。这时利用 sum 函数即可得知判断正确的结果数量，该数量与总数的比值即为正确率。

本程序可以进行其他决策树的构造和应用，但是要注意按照不同的数据存储格式修改第 10 行～第 13 行代码。

3.5 本章小结

本章的决策树也是一个用于分类的监督学习算法，该算法的依据是信息熵，信息熵可以理解为对信息不确定性的度量，熵越高，信息的不确定性越高。在做决策时，应当尽快地降低信息整体的熵值，使得信息的确定性增加，所以在构建决策树的过程中将优先利用信息增益高的信息构建分支。

在本章人工智能算法的求解过程中，可以利用剪枝这种牺牲一部分训练成果的方式避免过拟合的发生，这类牺牲一部分求解结果的方法在后面的学习中会重复出现，是一种常用的避免过拟合的手段。

在数据处理的过程中，可以利用平均数、中位数修正缺失的数据，还可以利用特征工程的算法减少特征值的计算量或提高数据的表达效果。

在前 3 章的人工智能算法求解过程中基本求解流程完全一致，但是在数据处理、算法测试方面逐步补充了提高算法效率和性能的环节和工具，读者可以根据实际需要将这些环节和工具逐步运用到自己的工程中去。

本章介绍的决策树，是 1986 年 Quinlan（昆兰）实现用信息论中的熵来度量决策树的决策树算法，由于需要遍历所有节点进行分类，所以取名叫 Iterative Dichotomiser，意为迭代的二分类法，简称 ID3，也就是本章图 3-3 中的算法。该算法一经面世，就因其简洁和高效引起了轰动，但也存在一些缺陷，如“过拟合”，以及不能处理“连续值”和“缺失数据”等问题。Quinlan 再接再厉，将这些缺憾一并解决，给改进后的算法起名时发现由于 ID3 太出名，一些其他的追随或改进算法已经把 ID4、ID5 等名字占用，于是他另外起名称新算法为 C4.5。C4.5 就是 ID3 的升级，也就是运用特征工程处理缺失数据并进行剪枝的 ID3。

3.6 本章练习

1. 选取某足球赛对阵形势见表 3-6，历史成绩见表 3-7。

表 3-6 足球对阵场次

场　次	对　阵
第一场	甲：乙
第二场	乙：丙
第三场	甲：丁
第四场	乙：丁

表 3-7 球队历史战绩

对阵球队	成　绩
甲：乙	8 胜，6 负，4 平
乙：丙	18 胜，12 负，2 平
甲：丁	6 胜，18 负，5 平
乙：丁	9 胜，21 负，6 平

问：哪一场球赛的形势最容易判断，请用信息熵解释。

2. 计划用表 3-8 中数据构造算法判断垃圾邮件，请画出决策树。

表 3-8 垃圾邮件判断数据表

数据 ID	包含 shop、advitising、等“关键词”数量	是群发邮件	发信地址不属于“地址簿”收录地址	发信地址是已知的电商地址
1	0	是	是	是
2	0	是	否	是

续表

数据 ID	包含 shop、advitising、等“关键词”数量	是群发邮件	发信地址不属于“地址簿”收录地址	发信地址是已知的电商地址
3	5	否	否	是
4	7	是	否	是
5	1	否	否	是
6	2	是	否	是
7	1	是	是	否
8	2	是	是	是
9	6	是	否	是
10	0	否	否	否

3. 编程求表 3-9 中所有样本数据的算数平均数和中位数以及标准方差。

表 3-9 样本数据表

-1. 24	4. 77	-2. 70	0. 16	-1. 14	5. 43	5. 04
-4. 93	1. 12	0. 94	1. 54	5. 90	0. 08	5. 36
-2. 44	-3. 22	-2. 10	4. 78	-4. 91	-4. 85	-4. 33
0. 77	5. 60	-4. 01	2. 33	5. 65	-1. 14	-0. 66
1. 29	2. 44	4. 45	2. 47	-4. 38	5. 24	5. 04
-0. 09	5. 51	-4. 55	3. 32	-1. 13	3. 13	-3. 27
0. 00	-1. 06	0. 76	-2. 73	2. 93	-3. 72	-2. 24
-0. 92	1. 82	1. 17	-4. 28	1. 64	-0. 61	5. 83

4. 若表 3-9 中的数据是某数据集中的一部分，求其标准方差。

5. 利用 sklearn 的决策树模型对习题 2 编程，并判断表 3-10 中数据是否是垃圾邮件。

表 3-10 垃圾邮件统计表

数据 ID	包含 shop、advitising、等“关键词”数量	是群发邮件	发信地址不属于“地址簿”收录地址	发信地址是已知的电商地址
1	6	T	T	F
2	0	F	T	F

第4章　楚河汉界的划分——支持向量机

前几章已经介绍了 kNN、朴素贝叶斯以及决策树 3 种分类方法，本章将介绍一种公认拥有出色的性能和明确数学证明的分类方法——支持向量机（SVM），而这一切都可以从研究如何划分平面上不同类型的点开始。

学习与素质目标

4.1　划分边界的一般规律

微课 4-1
支持向量机(1)

最简单的二分类问题可以看作是分类问题的基本问题。二分类问题最直观的理解在二维图像中表达就是将坐标系中的数据点用一条直线划为两部分，如图 4-1 所示；如果数据是三维表达，如长、宽、高，那么可以在三维世界里用平面将这些数据分为两部分，如图 4-2 所示。

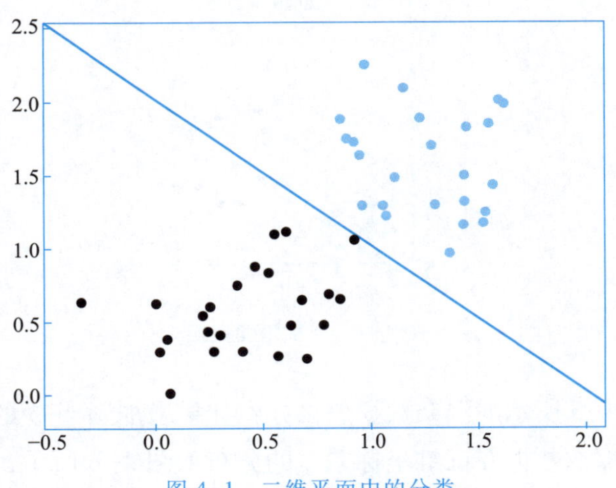

图 4-1　二维平面中的分类

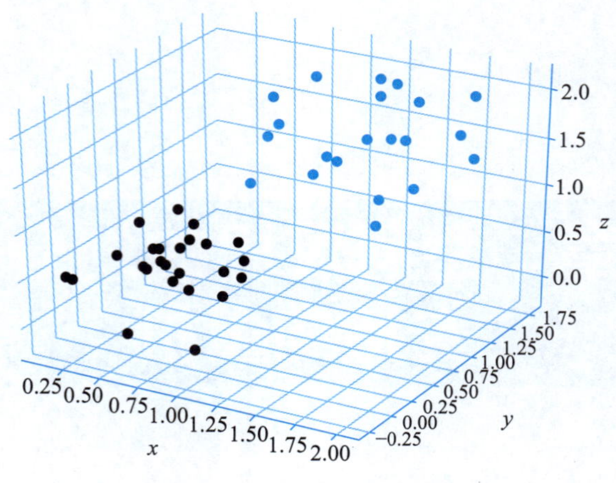

图 4-2　三维空间中的分布

对明显不能“平直”分隔的数据也有解决的办法，如图 4-3 所示，如果更换坐标性质，放弃原来 Oxy 这种直角坐标系的观察角度，考察转动的角度和数据分布的半径，那么图 4-3 就变成了图 4-4 的模样，很明显，又可以平直地分割了。

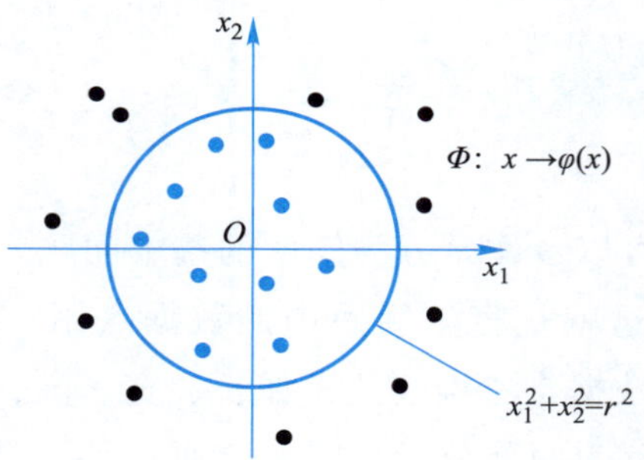

图 4-3　直角坐标系

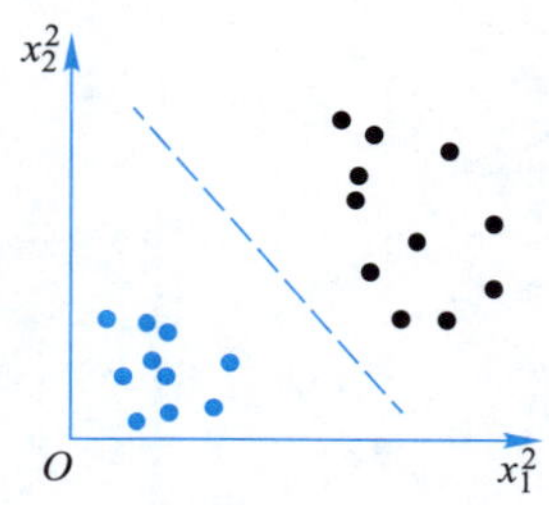

图 4-4　观察角度变换

那么类似如图 4-5 所示的混杂数据怎么办？如果增加图 4-5 的维度，例如构造一个特征 z 使 $z=xy$，那么数据在三维坐标系里的分布如图 4-6 所示，显然可以用一个平面将两部分分开。

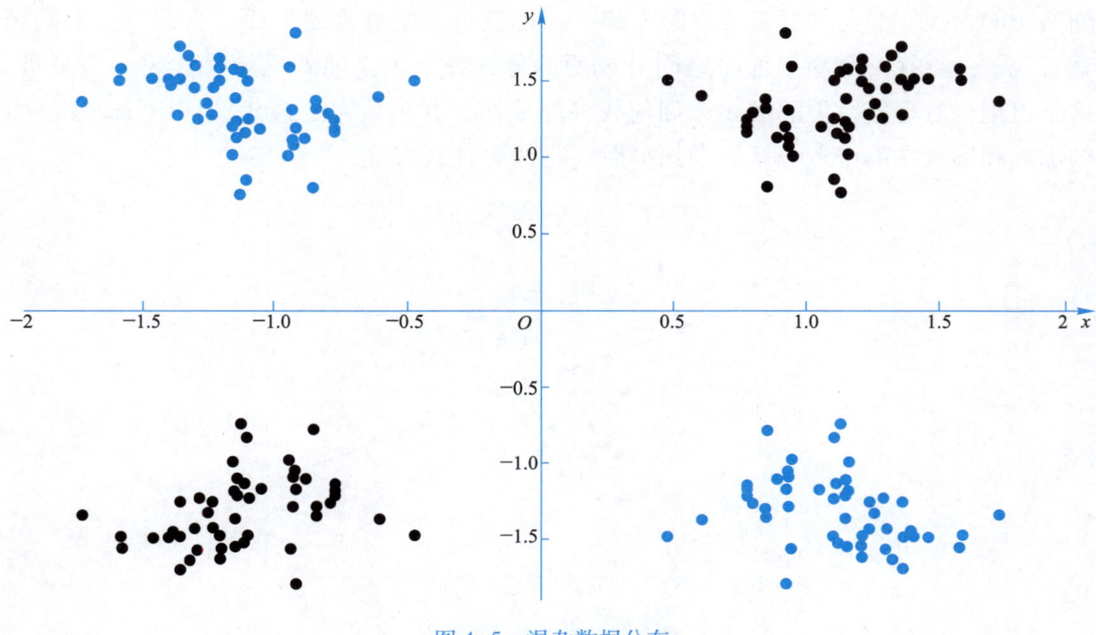

图 4-5 混杂数据分布

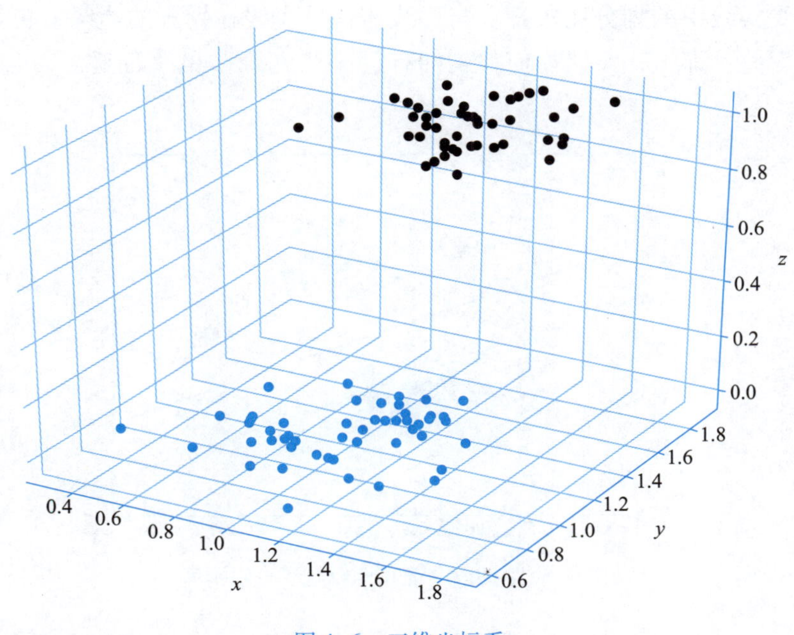

图 4-6 三维坐标系

所以，对二维和三维空间中的待划分类别的数据（目前只讨论线性可分）而言，要么改变观察角度（变换坐标系），要么提高表达维度，总能找到一条直线或一个平面将其划分成两个部分空间，这个道理对用更多维度表达的数据也成立。考虑多维空间通用的情况，并与二、三维空间相统一，把这个分割称为超平面，由此二分类问题就直观了：寻找一个超平面将空间分成两部分，每个子空间的区域就代表一个分类。这个道理很好理解，但问题是，如何找到超平面，并确认它是最优的？例如，图 4-7 的虚线和实线中哪个划分区域的超平面（直线）比较好呢？

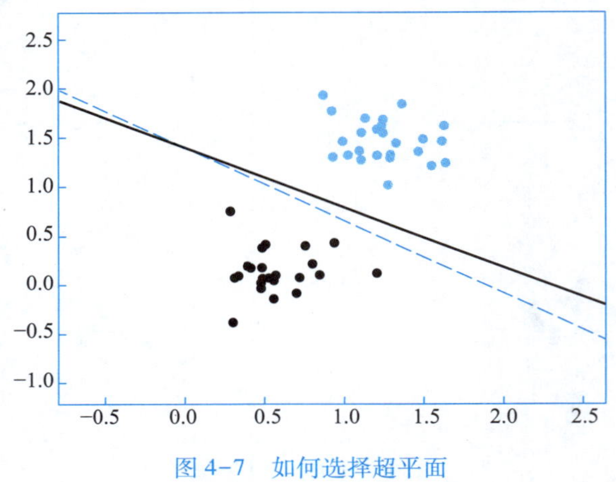

图 4-7 如何选择超平面

直观感受实线中的划分比较好。与虚线相比，实线在划分的边缘有更均衡的冗余，容错性会好一些。那么，又该如何找到拥有最佳“冗余”的平面呢？可以通过图 4-8 研究。

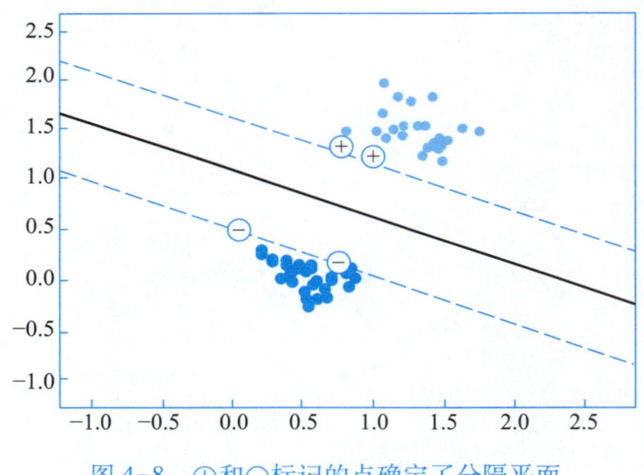

图 4-8 ⊕和⊖标记的点确定了分隔平面

首先设计一个模型，考虑二维平面中的直线方程 $y=kx+b$，由此推广到多维空间的超平面。由于可以通过线性变换得到想要的结果，同时将变换的过程由 ω 和 b 吸收，那么可以针对图 4-8 扩展到超平面，设 $\omega x+b=yl$，这里将 yl 作为分类的标记，为了计算方便，将二分类的正设为“1”，将负设为“-1”，$\omega x+b=0$ 作为“超平面”，x 是数据集的属性，该方程的含义是通过线性计算将属性值与分类标记之间建立联系。

这样只要确定了 ω 和 b，将属性数据带入方程计算结果，若结果小于等于-1 则属于“负类”，若结果大于等于 1 则属于“正类”，正好在正负边界上的数据点被称作“支持向量”。

可以想见，好的分类模型，应该使“1”平面与“-1”平面之间的距离足够大，这样可以使容错性得到提高。而构建这个模型的关键就是求出 ω 和 b。

首先，求空间中任意点到超平面的距离（如图 4-8 所示）：

$$r=|\omega x+b|/\|\omega\| \tag{4-1}$$

支持向量到超平线的距离是：

$$r=1/\|\omega\| \tag{4-2}$$

如果想把 r 最大化，就是把 $\|\omega\|$ 最小化。于是公式 4-2 变成如下公式：

$$\begin{aligned}&\min_{\omega,b}\frac{1}{2}\|\omega\|^2\\&\text{s.t.}\quad y_i(\omega x_i+b)-1\geqslant 0\quad i=1,2,\cdots,n\end{aligned} \tag{4-3}$$

这时要找到一个 $f(x)=\omega x+b$ 得到最大的距离，由于 ω 和 b 并不确定，约束条件是一个范围而不是固定值，此类问题被称为约束条件下的优化问题，通过拉格朗日乘子法可以将约束条件联立方程解出，之后用拉格朗日乘子 α 表达 ω 和 b。

由于对数据集的所有点都存在相应的 α，所以必须检出正确的 α，这时考虑 KKT 约束条件，那么在发现只有 $\omega x+b=1$ 平面上的点的 α 因子满足条件，而其他点并不满足，这点在直观认识上也是成立的。例如，图 4-8 中只有“⊕”和“⊖”标记的点“分界面”起了决定性作用，而其他点并没有作用，这些点被称为支持向量。利用 KKT 约束条件就可以在数据集中筛选出这些支持向量。

在实际应用中，当然存在如图 4-9 所示的少数数据发生了“交错”或“越界”的情况，导致无法“明确”确定分割平面的情况，这时可以引入“松弛变量”。“松弛变量”实际是对理想分割平面的距离引入“修正”项，使模型可以调节对“越界”数据的容忍程度。

由此获得 ω 和 b 之后，就可以得到判别类别的公式：

$$y=\omega x+b \tag{4-4}$$

这时对该判别式而言，可以带入数据特征值计算，若 y 小于等于-1 则判定数据为负例，而大于等于 1 则为正例。这种由训练集求出判别函数表达式直接计算分类的分类方法称为“判别式法”，判别式法在模型生成后，判断预期时不再需要训练集参与，而之前介绍的决策树和贝叶斯法即使完成了模型，也还是需要利用训练集的数据进行每一次预测，此类需要训练集参与的方法被称为“生成式法”。显然，判别式法在预测过程中需要的计算量更小，所以更适于解决特征属性较多的“中等规模”数据的问题，而生成式法适于“中小规模”数据的问题类型。

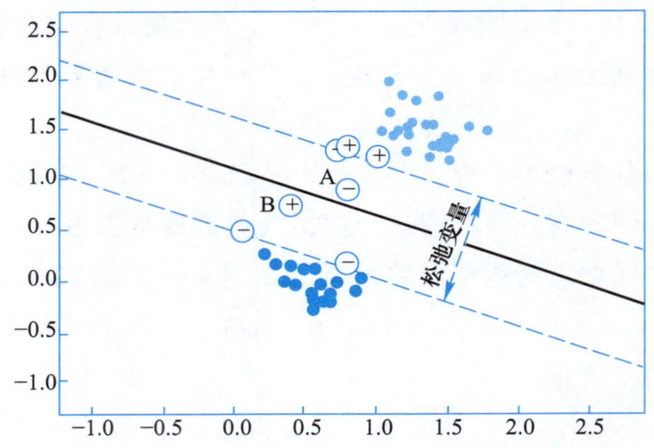

图 4-9　分类交错，不易确定分隔平面的情况，可引入松弛变量

再考虑多维度的情况。图 4-8 中“⊕”和“⊖”标记的“分界面”点就可以看作是多维度空间中分隔面的“支持点”，而该点的坐标就是一个向量，故此方法被称为支持向量机。

支持向量机的判别式求解过程较为复杂，幸运的是，在算法库中这个复杂的过程被集成为一个专用的算法函数方便用户调用。下面将通过利用学生平时成绩预测期末考评结果的案例来体会支持向量机的优势。

微课 4-2
支持向量机(2)

4.2　找出考试的通关秘笈

对学生来说通过考试至关重要，考试的成绩与平时的学习情况息息相关。为了掌握学生情况，小王老师记录了过往学生的出勤成绩、作业平均分以及最终考试成绩的对应数据，见表 4-1。

表 4-1　学生出勤、作业与考试成绩记录表

序　号	出勤成绩	作业成绩	期末总评
1	85	83	72
2	56	37	41
3	91	87	90
4	87	94	92
5	96	91	98
6	38	47	55

续表

序　　号	出勤成绩	作业成绩	期末总评
7	78	100	91
8	95	100	90
9	87	77	63
10	52	61	45
11	36	55	44
12	62	51	42
13	87	96	82
14	100	84	90
15	87	75	68
16	40	51	40
17	78	79	78
18	65	55	41
19	91	75	78
20	49	58	58
21	79	77	69
22	59	64	50
23	85	89	86
24	38	46	53
25	61	60	53
26	37	53	45
27	86	100	93
28	81	99	91
29	95	95	76
30	35	51	48

小王老师想建立一个模型，用于预测学生是否能够通过考试，从而提示学生改善学习行为，获得满意的成绩。

从表 4-1 中抽取训练集数据，如表 4-2 中的阴影数据所示，作为测试集（其他数据可用作训练集数据）。测试集中的数据抽取了各个分数段的成绩便于测试，虽然利用 4.1 节中的方法可计算出 ω 和 b 的具体解，但是考虑其中计算的复杂性和不同数据的通用性，这里直接使用代码完成 ω 和 b 的计算。

表 4-2 训练集与测试集

序 号	出勤成绩	作业成绩	期末总评
1	85	83	72
2	56	37	41
3	91	87	90
4	87	94	92
5	96	91	98
6	38	47	55
7	78	100	91
8	95	100	90
9	87	77	63
11	36	55	44
13	87	96	82
14	100	84	90
16	40	51	40
17	78	79	78
18	65	55	41
19	91	75	78
20	49	58	58
21	79	77	69
22	59	64	50
24	38	46	53
25	61	60	53
26	37	53	45
27	86	100	93
28	81	99	91
29	95	95	76
30	35	51	48
10	52	61	45
23	85	89	86
15	87	75	68
12	62	51	42

首先利用数据集中的特征 X 和标志 y 训练一个 SVM 模型，由于支持向量机是二分类算法，所以在训练之前，需要将标记二值化，考察是否及格的过程非常简单，只需要 $y \geqslant 60$ 即可，随后开始建模过程。程序代码如下：

```
# coding:utf-8
# 导入 tree 模型
import numpy as np
from sklearn.svm import SVC

# 准备数据
of = open('svm_score.csv', 'r')
x = []
y = []

for line in of:
    li_t = line.split(',')
    # 用 60 分二值化标记数据
    if (int(li_t[-1])) >= 60:
        y.append(1)
    else:
        y.append(-1)
    x.append([float(li_t[0]), float(li_t[1])])
# 关闭文件
of.close()
# 确定训练数据的边界
fd = int(len(x) * 0.8)
# 构造 SVM 模型

M_svm =SVC(kernel="linear")
M_svm.fit(x[:fd], y[:fd])
# 预测
res = M_svm.predict(x[fd:])

# 计算正确率
```

```
31    ar = (res == y[fd:]) + 0
32    print("Ar=%.2f%%" % (100.0 * sum(ar) / len(ar)))
```

其中第 4 行代码，引用了支持向量算法，第 14 行~第 17 行代码完成了对标记数据的二值化，使用 1 和-1 表达是否及格的标记。

第 20 行引入了一个新概念：关闭文件，即使用文件后及时关闭可以减少系统负担并提高文件读写的安全性。第 22 行通过比例设定数据集的边界，这里选取了 80%的数据。第 25 行和第 26 行设置了支持向量机模型，并利用数据集完成了训练。这里，sklearn 库的 SVM 算法屏蔽了细节，允许用户直接调用 fit 函数利用特征向量和对应的标志向量训练了模型，这里用 kernel=**"linear"表明**使用的是与 4.1 节一致的线性模型，这时模型中自然包括了 ω 和 b。若开发者一定要得到 ω 和 b 的具体数值，则可以利用下面两行代码：

```
w =M_svm.coef_
b =M_svm.intercept_
```

第 27 行程序完成了对测试集的预测，并在第 29 行~第 31 行程序中对正确率进行计算和输出。

本程序的输出如下：

Ar= 100.00%

说明在测试集上获得了很高的正确率。

为了更直观地表达结果，可以增加如下代码：

```
34    w = M_svm.coef_
35    b = M_svm.intercept_
36
37    print (w)
38    print (b)
```

程序会输出：

[[0.06976629 0.0465134]]

[-8.09306117]

通过程序解读得知：ω 为[0.06976629 0.0465134]，b 为-8.09306117。

由此，根据判别公式 4-4，可以得到判断期末成绩的具体判别式为：

$$y=0.0698\times 出勤成绩+0.0465\times 平时成绩-8.0931$$

若结果小于等于-1 则判定为不及格，而大于等于 1 则为及格。为了便于计算，使用电子表格对测试集数据进行验算演示，注意图 4-10 的结果和输入栏显示的公式。可以看出，判别式获得了相同的结果。

H2　=A2*E2+B2*F2+G2

	A	B	C	D	E	F	G	H
1	出勤成绩	作业成绩	总评成绩		W0	W1	b	结果
2	95	95	76		0.0698	0.0465	-8.0931	3
3	35	51	48		0.0698	0.0465	-8.0931	-3
4	52	61	45		0.0698	0.0465	-8.0931	-2
5	85	89	86		0.0698	0.0465	-8.0931	2
6	87	75	68		0.0698	0.0465	-8.0931	1
7	62	51	42		0.0698	0.0465	-8.0931	-1
8								

图 4-10　利用判别式对测试集进行预测

微课 4-3
支持向量机(3)

4.3　用核函数处理非线性可分的数据

在 4.2 节中一直认为数据是线性可分的，但是图 4-5 中的数据显然不能做到线性可分，可如果加一个转换函数 $x=x_1^2$，那么图 4-5 中的数据显然变成如图 4-6 所示，又成为线性可分的数据。

这种将数据进行某种转换的方法称为核函数方法。应用核函数方法之后是否还存在最佳分割平面（支持向量）？关于这点存在严格的数学证明，本书不涉及这方面的内容，只说明最终的结论：即使用核函数方法，支持向量机仍旧成立，而且对于某些情况，可使用核函数将线性不可分的数据映射到更高或其他维度使之线性可分。

常见的核函数有线性核、多项式核和高斯核函数。

线性核函数是最简单的核函数，它直接计算两个输入特征向量的内积，简单高效，结果是一个最简洁的线性分割超平面，但是这种方法只能得到线性分割面，只适用线性可分的数据集。

多项式核函数通过多项式来作为特征映射函数，通过构造的多项式函数可以拟合出复杂的分割超平面。多项式的阶数越高，分割超平面就越复杂，模型在训练集上的正确率会越高，但是多项式的阶数不宜过高，一是会带来过拟合的风险，二是过高的阶数会大幅增加求解过程中的计算量。

高斯核函数使用公式：

$$\exp\left(-\frac{\|x_i - x_j\|^2}{2\sigma^2}\right) \tag{4-5}$$

作为映射函数，其优势是可以把特征映射到多维，计算量适中，参数也比较好选择。高斯核函数进一步简化产生几个变种，如指数核函数和拉普拉斯核函数，见表 4-3。相对于高斯核函数，指数核函数将向量模的平方变为向量的模，而拉普拉斯核函数只是进一步降低了参数的敏感性。

表 4-3 核函数的选择

核函数类型	典型形式	优 势	计 算 量
线性核函数	$x_i x_j$	适合分类边界为直线的情况	低
多项式核函数	$(x_i x_j)^d$	随着 d 的增大，分类边界逐步复杂	随着多项式阶数的提高逐步增高
高斯核函数	$\exp\left(-\frac{\|x_i - x_j\|^2}{2\sigma^2}\right)$	适于复杂分类边界的求解	高

十分幸运的是，以上核函数的组合也是核函数，例如已有核函数的线性组合或相乘，和形如 $g(x)k(x,z)g(z)$ 的组合也是核函数。

核函数以及核函数的组合，对支持向量机的应用提供了大量的扩展方法，当一种划分手段不理想时，可以应用核函数或探求一种核函数的组合获得更为理想的划分方案。

选择核函数的一般原则是依据数据量。当数据量很大的时候，可以选择复杂一点的模型，因为大数据量可以降低复杂模型引起的过拟合风险；反之如果数据集较小，则应该首先考虑选择简单的线性核函数，若发现欠拟合，再逐步增加多项式核函数纠正欠拟合。

更进一步，也可以根据样本量 m 和特征量 n 的比例尝试使用不同的核函数，其规律如图 4-11 所示。

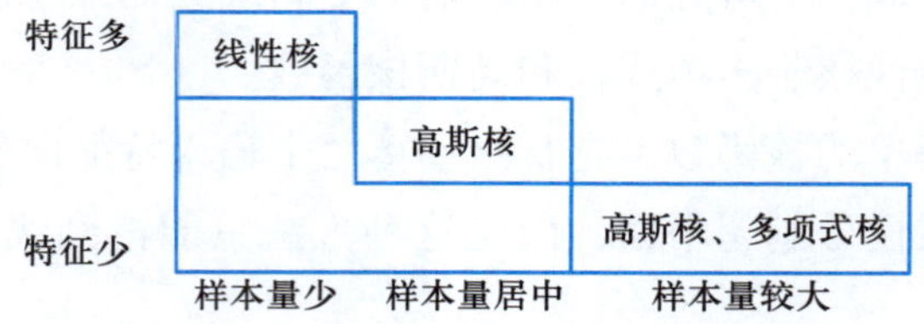

图 4-11 通过特征量和样本数量选取不同核函数

针对编程而言，并没有复杂的设置，在建立模型 4.2 节的代码第 25 行时分别选用以下 kernel 参数即可。

线性核函数：kernel='linear'。

多项式核函数：kernel='poly'。

高斯核函数：kernel='rbf'，rbf 指“径向基函数”（Radial Basis Function），由于高斯核函数是最常用的一种径向基函数，故在此由 rbf 指代。

4.4 数据可视化

微课 4-4
支持向量机(4)

本章应用了许多图表，对说明问题起到了辅助理解的作用。另外，在制定人工智能算法的时候，如果能够利用数据可视化手段表达数据的分布，会对方法选择和效果评估起到积极的作用。以下介绍几种常用的编程绘图方法。

1. sin 正弦函数绘制

这里采用 Matplotlib 模块来对数据可视化，用 pip install matplotlib 命令安装该模块，先绘制一个 sin 函数图形。

```
from pylab import *
import numpy as np
X = np.linspace(-np.pi, np.pi, 256,endpoint=True)
S = np.sin(X)
#产生绘图数据 X,S,为 x 轴和 y 轴一一对应的数据
plot(X,S)
#以默认的形式绘制数据,plot 第 1 个参数为 x 轴坐标数据,第 2 个参数为 y 轴坐标数据
show()
```

运行结果如图 4-12 所示。

plot(X,S)为画图函数，X 为 x 轴坐标数组，S 为对应的 y 轴坐标数组，用默认的方法画出图形，后面会详细说明修改默认的方法。

show()函数把前面用 plot 函数绘制的图像显示到屏幕上。

2. 实例化默认值

在上面例子中采用了默认值，显示的结果是正确的，但是不符合对 sin 函数的直观视觉，接下来对它进行修改。

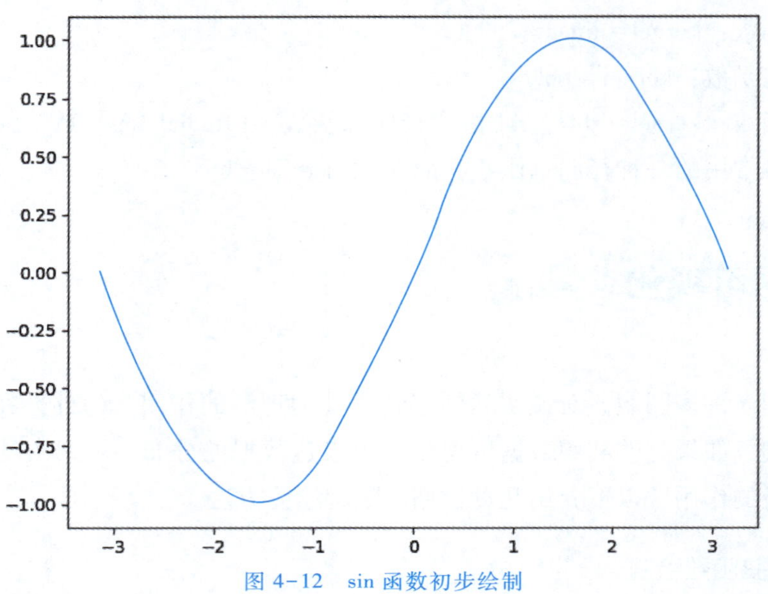

图 4-12 sin 函数初步绘制

本页彩图

（1）改变颜色和线宽

```
from pylab import *
import numpy as np
X = np.linspace(-np.pi, np.pi, 256,endpoint=True)
S = np.sin(X)
plot(X,S, color="green", linewidth=2.5, linestyle="-")
#定义颜色为绿色,线宽为 2.5,线型为实线
show()
```

程序运行结果如图 4-13 所示。

plot(x, y, format_string, ** kwargs)，其中 x 和 y 是对应的 x 轴和 y 轴的数组或列表，format_string 主要是绘图的颜色、线型等参数，主要有 color 颜色、linewidth 线宽、linestyle 线型等内容，颜色和线型的内容见本章小结，这里也可以采用简写的方式，后面会有举例。

（2）设定限值

x 轴和 y 轴限值有点紧，若要留出一些空间，需扩大一些限值范围。

```
from pylab import *
import numpy as np
X = np.linspace(-np.pi, np.pi, 256,endpoint=True)
S = np.sin(X)
```

```
plot(X,S, color="green", linewidth=2.5, linestyle="-")
xlim(X.min()*1.2,X.max()*1.2)
ylim(S.min()*1.2,S.max()*1.2)
#xlim 限制 x 轴的最小值和最大值,ylim 限制 y 轴的最小值和最大值
show()
```

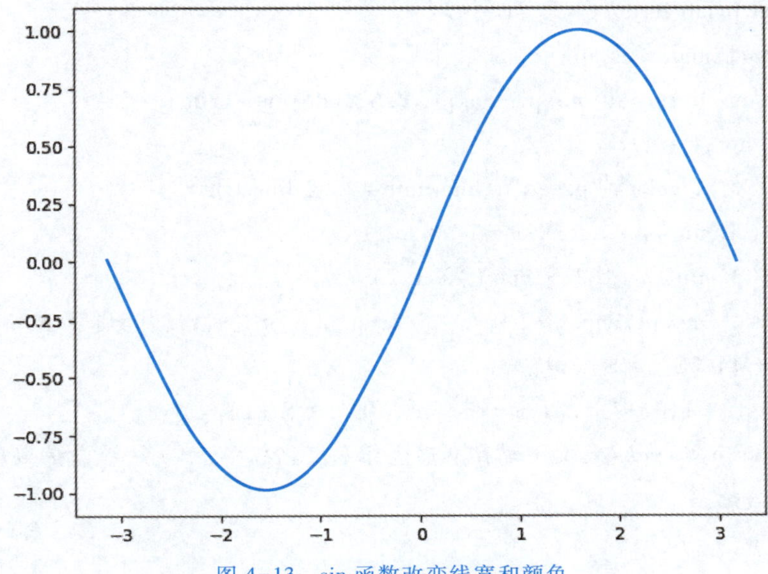

图 4-13 sin 函数改变线宽和颜色

程序运行结果如图 4-14 所示。

本页彩图

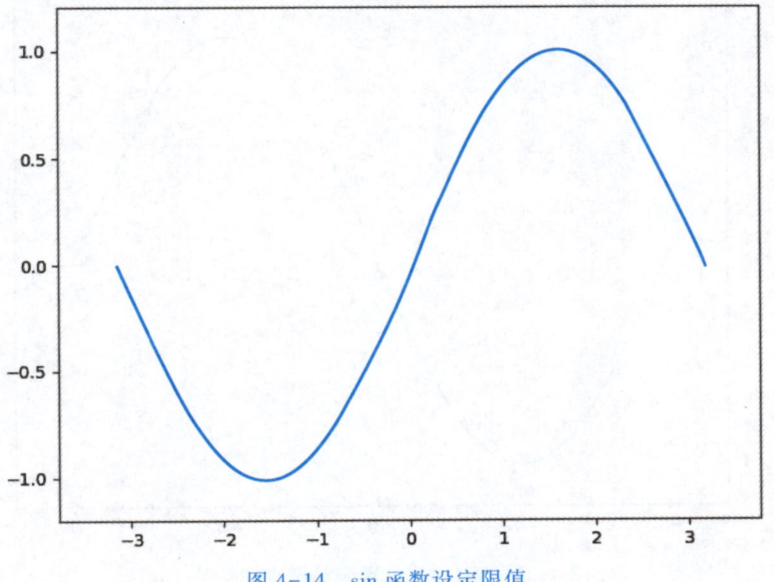

图 4-14 sin 函数设定限值

xlim 和 ylim 限定脊柱（Spines，一条线段上有一系列的凸起，很像脊柱骨）离所绘图形的距离，xlim 这里限定为 x 轴数列里最小值再乘以 1.2，等于−1.2π，最大值为 1.2π；同理，ylim 也限制为最大值和最小值的 1.2 倍。这样不至于使整个图显得很局促。

（3）设置坐标刻度和坐标标签

当前绘制的图像，不能看出正弦函数和余弦函数的极值位置，以下改变一下：

```
from pylab import *
import numpy as np
X = np.linspace(-np.pi, np.pi, 256,endpoint=True)
S = np.sin(X)
plot(X,S, color="green", linewidth=2.5, linestyle="-")
xlim(X.min() * 1.2,X.max() * 1.2)
ylim(S.min() * 1.2,S.max() * 1.2)
xticks([-np.pi,-np.pi/2,0,np.pi/2,np.pi],[r'$-\pi$', r'$-\pi/2$', r'$0$',
r'$+\pi/2$', r'$+\pi$'])
yticks([-1,0,+1] ,[r'$-1$', r'$0$', r'$+1$'])
#xticks 和 yticks 定义 x 轴和 y 轴坐标刻度和标签,第 1 个参数为刻度,第 2 个参
数为标签
show()
```

程序运行结果如图 4-15 所示。

本页彩图

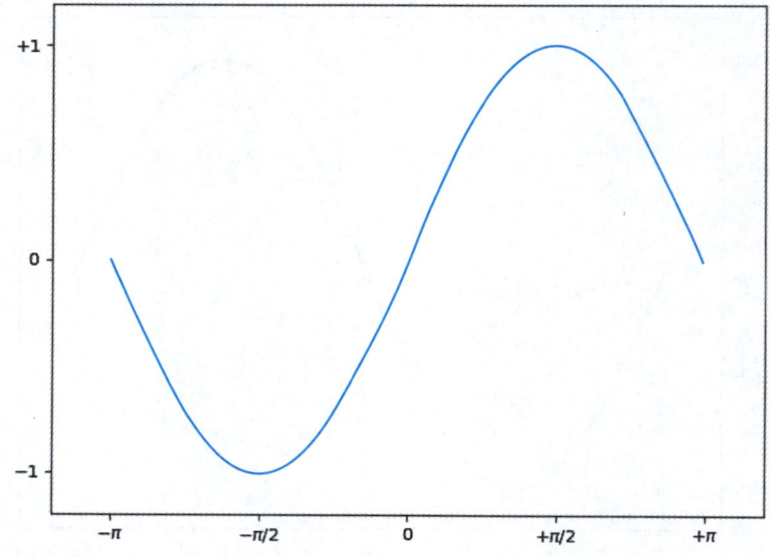

图 4-15 sin 函数设置坐标刻度和标签

默认情况下，绘制出的坐标刻度都是默认的 0、1、2 等数字，那要显示成所要的刻度方式，就需要用到 xticks 和 yticks 函数，两个函数用法一样。

xticks([-np.pi,-np.pi/2,0,np.pi/2,np.pi],[r'$-\pi$', r'$-\pi/2$', r'0', r'$+\pi/2$', r'$+\pi$'])，第 1 个参数是列表，内容是刻度值，第 2 个参数也是列表，对应的是刻度值要显示出来的内容。

(4) 移动脊柱

坐标轴线和上面的记号连在一起就形成了脊柱，它记录了数据区域的范围。它们可以放在任意位置，不过至今为止，一般都把它放在图的四边。

实际上每幅图有 4 条脊柱（上下左右），为了将脊柱放在图的中间，必须将其中的两条（上和右）设置为无色，然后调整剩下的两条到合适的位置——数据空间的 0 点。

```
from pylab import *
import numpy as np
X = np.linspace(-np.pi, np.pi, 256,endpoint=True)
S = np.sin(X)
plot(X,S, color="green", linewidth=2.5, linestyle="-")
xlim(X.min()*1.2,X.max()*1.2)
ylim(S.min()*1.2,S.max()*1.2)
xticks([-np.pi,-np.pi/2,0,np.pi/2,np.pi],[r'$-\pi$', r'$-\pi/2$', r'$0$',
r'$+\pi/2$', r'$+\pi$'])
yticks([-1,0,+1],[r'$-1$', r'$0$', r'$+1$'])
ax = gca()
ax.spines['right'].set_color('none')
ax.spines['top'].set_color('none')
 #设置右和顶部脊柱为无色
ax.xaxis.set_ticks_position('bottom')
ax.spines['bottom'].set_position(('data',0))
ax.yaxis.set_ticks_position('left')
ax.spines['left'].set_position(('data',0))
 #设置底部和左脊柱的位置为数据 0 点
show()
```

程序运行结果如图 4-16 所示。

Matplotlib 绘制的图形都有 4 个脊柱，分别为上、下、左和右脊柱，如果要显示成如上图所示的图形，这里只用到两个脊柱，分别为左和下脊柱。所以程序里采用 ax. spines['right']. set_color('none')把右脊柱的颜色设成无色，ax. spines['top']. set_color('none')把上脊柱的颜色设成无色。

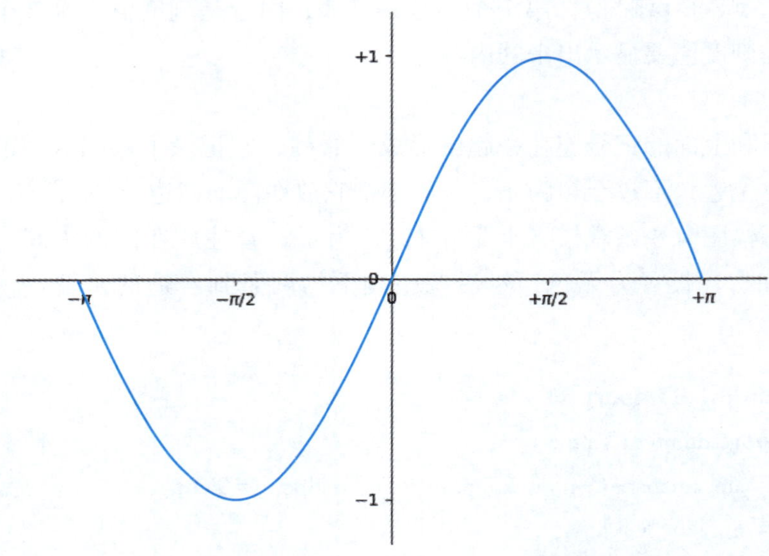

图 4-16 sin 函数移动脊柱

本页彩图

ax. xaxis. set_ticks_position('bottom')设置刻度显示的位置。ax. spines['bottom']. set_position(('data',0))把下脊柱移动到数据的 0 值，同理设置左脊柱到数据的 0 值，结果就变成图 4-16 的四象限图。

（5）注释要点和添加图例

在图 4-16 的左上角添加一个图例，并用 annotate 函数注释一些有趣的点。

```
from pylab import *
import numpy as np
X = np. linspace(-np. pi, np. pi, 256,endpoint=True)
S = np. sin(X)
plot(X,S, color="red", linewidth=2. 5, linestyle="-",label="Sine")
#label="* * * *"添加图例
legend(loc="upper left")
xlim(X. min() * 1. 2,X. max() * 1. 2)
ylim(S. min() * 1. 2,S. max() * 1. 2)
xticks([-np. pi,-np. pi/2,0,np. pi/2,np. pi],[r'$-\pi$', r'$-\pi/2$', r'$0$',
r'$+\pi/2$', r'$+\pi$'])
```

```
yticks([-1,0,+1],[r'$-1$', r'$0$', r'$+1$'])
ax = gca()
ax.spines['right'].set_color('none')
ax.spines['top'].set_color('none')
ax.xaxis.set_ticks_position('bottom')
ax.spines['bottom'].set_position(('data',0))
ax.yaxis.set_ticks_position('left')
ax.spines['left'].set_position(('data',0))
t=2*np.pi/3
plot([t,t],[0,np.sin(t)], color ='red', linewidth=2.5, linestyle="--")
scatter([t,],[np.sin(t),], 50, color ='red')
annotate(r'$\sin(\frac{2\pi}{3})=\frac{\sqrt{3}}{2}$',
                 xy=(t, np.sin(t)),   xycoords='data',
         xytext=(+10, +30), textcoords='offset points',
         fontsize=16,
         arrowprops=dict(arrowstyle="->",connectionstyle="arc3,rad=.2"))
#绘制特殊的点,用annotate函数,第1个参数为显示的内容,xy参数为箭头尖端坐标,xytext参数为文字最左边起始坐标,xycoords为坐标系,arrowprops为箭头类型
show()
```

程序运行结果如图 4-17 所示。

plot 函数又加了一个 label 参数，该参数是图例内容，它和 legend(loc="upper left")配合使用，表示把图例“Sine”显示在图的左上角。

plot([t,t],[0,np.sin(t)], color ='red', linewidth=2.5, linestyle="--")，用虚线的方式在 x 轴为 $2\pi/3$ 处绘制一条红色的垂直虚线。

scatter([t,],[np.sin(t),], 50, color ='red')在 $\sin(2\pi/3)$ 处绘制一个点，后面会详细说明 scatter 绘制散点图的用法。

```
annotate(r'$\sin(\frac{2\pi}{3})=\frac{\sqrt{3}}{2}$',
                 xy=(t, np.sin(t)),   xycoords='data',
         xytext=(+10, +30), textcoords='offset points',
         fontsize=16,
arrowprops=dict(arrowstyle="->",connectionstyle="arc3,rad=.2"))
```

，该函数用来绘制标注，第 1 个参数是绘制的内容，xy 参数为箭头尖端坐标，xytext 参数为文字最左边

起始坐标，xycoords 为坐标系，arrowprops 为箭头类型。

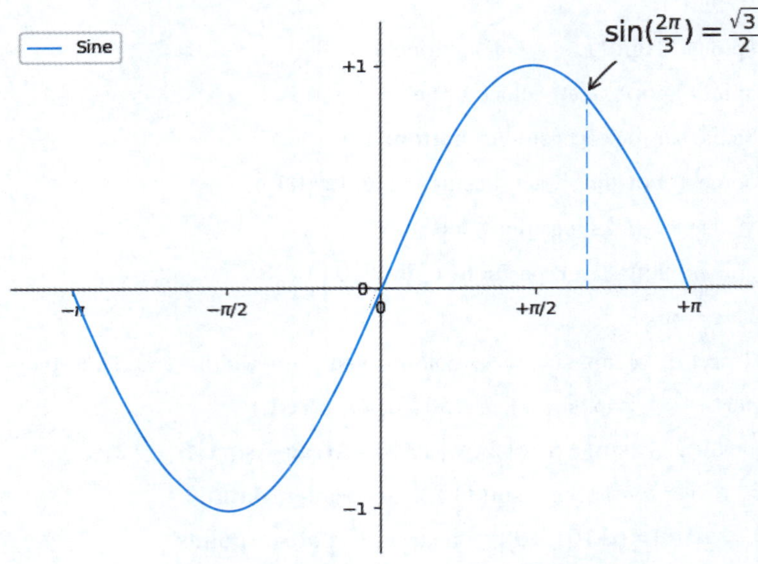

图 4-17 sin 函数注释要点和添加图例

本页彩图

3. 图的布局

首先尝试一下图的布局。从以下代码就能明白 subplot 函数中 3 个参数的含义：(2，1，1) 的意思是图的分布是 2 行 1 列，而本次绘制占用第一个位置，效果如图 4-18 所示。

```
from pylab import *
subplot(2,1,1)
#产生两行一列的子图,先设置第 1 个子图
xticks([]), yticks([])
text(0.5,0.5, 'subplot(2,1,1)',ha='center',va='center',size=24,alpha=.5)
subplot(2,1,2)
#设置第 2 个子图
xticks([]), yticks([])
text(0.5,0.5, 'subplot(2,1,2)',ha='center',va='center',size=24,alpha=.5)
show()
```

这里用 subplot 函数绘制参数子图，subplot(2,2,1) 表示产生一个两行两列的 4 个子图，现在对第 1 个子图操作。

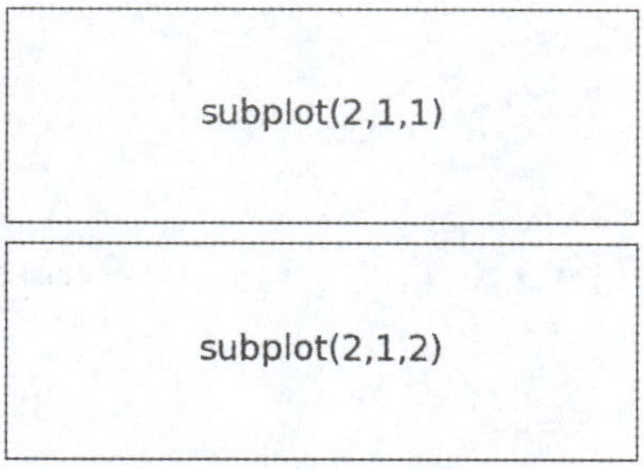

subplot(2,1,1)

subplot(2,1,2)

图 4-18 子图的垂直布局

text(0.5,0.5, 'subplot(2,1,1)', ha='center', va='center', size=24,alpha=.5)，该函数是绘制文本，前 2 个参数为坐标，第 3 个参数为绘制的内容。

与此相似，以下代码是制作 1 行 2 列的图，效果如图 4-19 所示。

```
from pylab import *
subplot(1,2,1)
#产生一行两列的子图,设置第 1 个子图,第 1 个参数为多少行,第 2 个参数为多少列,第 3 个为当前子图
xticks([]), yticks([])
text(0.5,0.5, 'subplot(1,2,1)',ha='center',va='center',size=24,alpha=.5)
subplot(1,2,2)
xticks([]), yticks([])
text(0.5,0.5, 'subplot(1,2,2)',ha='center',va='center',size=24,alpha=.5)
show()
```

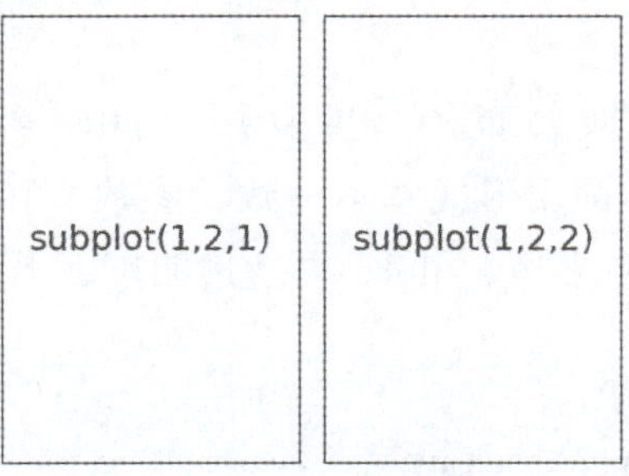

图 4-19 子图的水平布局

4. 坐标轴

坐标轴和子图功能类似，不过它可以放在图像的任意位置。如果希望在一幅图中绘制一个小图，就可以用这个功能。

```
from pylab import *
axes([0.1,0.1,.8,.8])
xticks([]), yticks([])
text(0.6,0.6,'axes([0.1,0.1,.8,.8])',ha='center',va='center',size=20,alpha=.5)
axes([0.2,0.2,.3,.3])
xticks([]), yticks([])
text(0.5,0.5,'axes([0.2,0.2,.3,.3])',ha='center',va='center',size=16,alpha=.5)
show()
```

效果如图 4-20 所示。

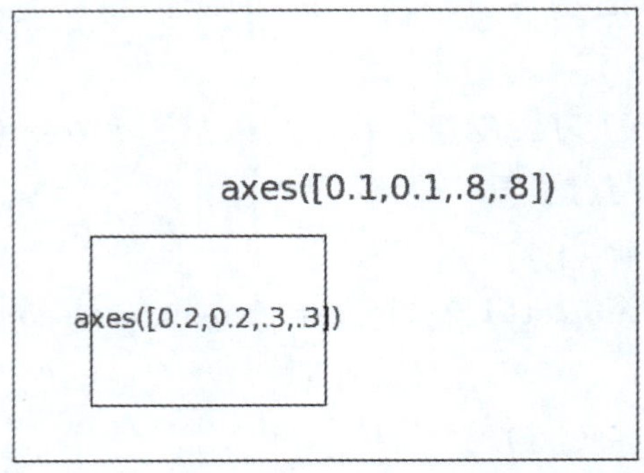

图 4-20 图中绘制子图的布局

5. 散点图

散点图是最常见的数据分布图，可以用 scatter 函数绘制，该函数需要引用 matplotlib 库，与绘图函数的调用形式基本一致，参数 x 和 y 为 x 轴和 y 轴的坐标向量，s 和 c 为形状大小参数和颜色参数，alpha 表达透明度，若 alpha = 1 则表示完全不透明。

```
import numpy as np
import matplotlib.pyplot as plt
import time
np.random.seed(int(time.time()))
n = 128
X = np.random.normal(0,1,n)
Y = np.random.normal(0,1,n)
```

```
T = np. arctan2(Y,X)
#产生绘制数据,T 为颜色
plt. scatter(X,Y, s=75, c=T, alpha=.5)
plt. xlim(-1.5,1.5), plt. xticks([])
plt. ylim(-1.5,1.5), plt. yticks([])
plt. show()
```

散点图效果如图 4-21 所示。

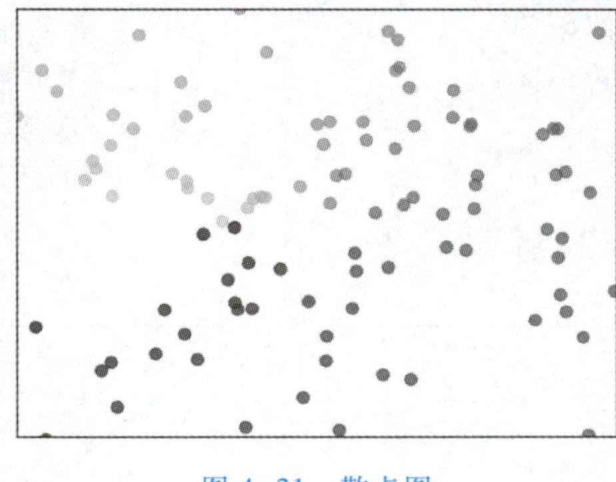

图 4-21 散点图

本页彩图

plt. scatter(X,Y, s=75, c=T, alpha=.5), scatter 函数用于绘制点, X 和 Y 为要绘制点的对应数列, s 为形状大小, c 为颜色列表, alpha 值在 0 到 1 之间, 默认是 None。

6. 折线图

折线图也是一种常用的绘图方法。下面的代码在第 4 行~第 7 行建立了 6 个随机的点坐标, 其中 x 轴和 y 轴的坐标分别保存在名为 x 和 y 的 numpy 数组中, 然后在第 8 行~第 12 行用 5 种不同的线型绘制了 5 条首尾相接的直线。plot 函数的主要参数是 x 轴和 y 轴坐标向量和线型, 线型的说明见本章小结。利用 plot 绘图时可以传入一个完整向量, plot 方法会自动逐点连接, 第 13 行和第 14 行利用子图演示了该方法。另外, 代码中给出了两个子图的不同使用方法, 这种对比演示了在绘图方法上, subplot 与 pyplot 具有同样的绘图性能。

```
1    import numpy as np
2    import matplotlib. pyplot as plt
3    import time
4    np. random. seed(int(time. time()))
5    N=6
```

```
x=np.random.rand(N)
y=np.random.rand(N)
plt.subplot(1,2,1).plot(x[0:2],y[0:2],"b--")
plt.subplot(1,2,1).plot(x[1:3],y[1:3],"go--")
plt.subplot(1,2,1).plot(x[2:4],y[2:4],"r-")
plt.subplot(1,2,1).plot(x[3:5],y[3:5],"cd-.")
plt.subplot(1,2,1).plot(x[4:6],y[4:6],"m:")
plt_s2=plt.subplot(1,2,2)
plt_s2.plot(x,y,"b-")
 #在两个子图内各自绘画
plt.show()
```

代码运行结果如图 4-22 所示。

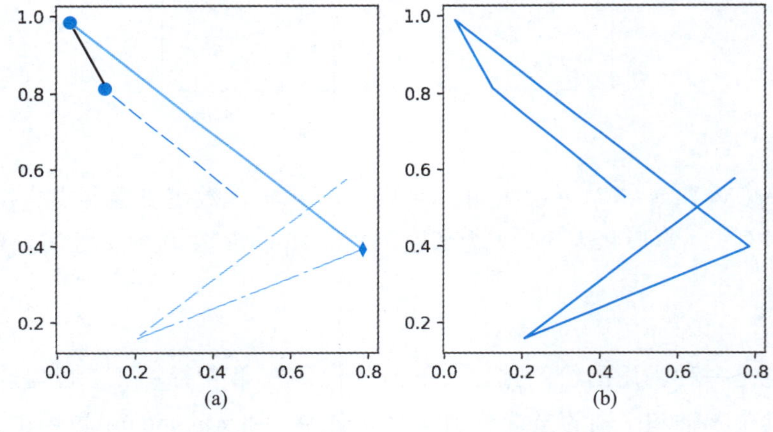

本页彩图

图 4-22 嵌入子图的 plot 绘图应用

plt.subplot(1,2,1).plot(x[0:2],y[0:2],"b--")表示在 1 行 2 列的子图里操作第 1 个子图，并绘制一条线，线的颜色和线型采用了简写的方式，“b--”表示蓝色虚线，详细简写的方式见本章小结。

7. Bar 图

Bar 图适合于对比一簇数据，在 bar 函数的调用过程中使用 facecolor、edgecolor 设置条块的颜色，其值按 R（红）G（绿）B（蓝）分量的十六进制数拼接而成。text 函数可以在指定 x、y 位置输出字符串，同时可以使用 rotation 设置文字角度，使用 ha（horizontalalignment，水平）和 va（verticalalignment，垂直）设置对齐风格。

```
import numpy as np
import matplotlib.pyplot as plt
n=12
X=np.arange(n)
Y1=(1-X/float(n)) * np.random.uniform(0.5,1.0,n)
Y2=(1-X/float(n)) * np.random.uniform(0.5,1.0,n)
plt.axes([0.025,0.025,0.95,0.95])
plt.bar(X,+Y1,facecolor='#9999ff',edgecolor='white')
plt.bar(X,-Y2,facecolor='#ff9999',edgecolor='white')
for x,y in zip(X,Y1):
      plt.text(x+0.4,y+0.05,'%.2f'%y,ha='center',va='bottom')
#在柱状图的顶部绘制文本,前两个参数为坐标,第3个参数为显示数值
for x,y in zip(X,Y2):
      plt.text(x+0.4,-y-0.05,'%.2f'%y,ha='center',va='top')
plt.xlim(-.5,n),plt.xticks([])
plt.ylim(-1.25,+1.25),plt.yticks([])
plt.show()
```

代码运行结果如图 4-23 所示。

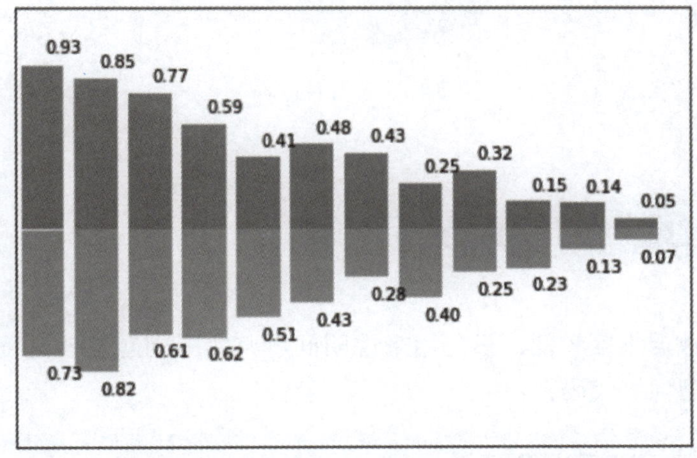

本页彩图

图 4-23 Bar 图

8. Pie 图

若要显示数据的比例，首选 Pie 图。

```
import numpy as np
import matplotlib.pyplot as plt
n = 20
Z = np.ones(n)
Z[-1] *= 2
plt.axes([0.025,0.025,0.95,0.95])
plt.pie(Z, explode=Z*.05, colors = ['%f' % (i/float(n)) for i in range(n)])
plt.gca().set_aspect('equal')
plt.xticks([]), plt.yticks([])
plt.show()
```

效果如图 4-24 所示。

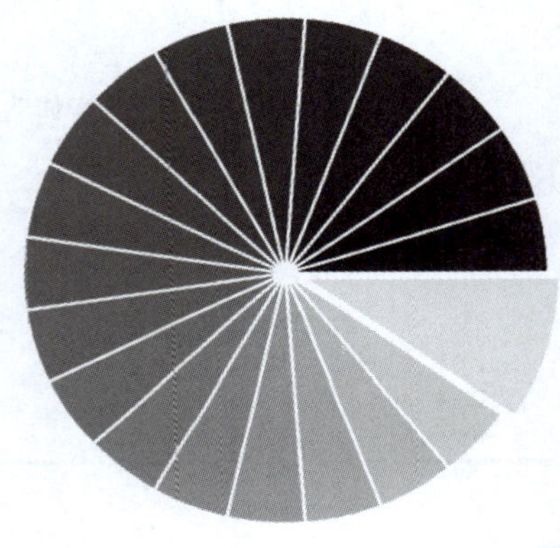

图 4-24 Pie 图

4.5 支持向量机的项目应用

微课 4-5
支持向量机(5)

本章使用的数据维度较低，只是用来说明问题，实际问题要比这复杂得多。但是观察 4.2 节的模型训练代码：

```
from sklearn.svm import SVC
clf = SVC()
clf.fit(X, y)
```

代码中并不需要考虑特征的维度，就可以进行训练，但是如读者所见，支持向量机只支持二分类，如何在实践中完成多分类任务呢，这里常用以下两种方法。

（1）一对多的方法（OAA）

这是使用最广泛的多分类 SVM，这种分类方法每次确认 n 个分类中的 1 个类别，重复 n 次后确认所有分类。具体方法是将所有 n 个分类分为“n_i”与“非 n_i”两部分，重复 n 次后，理想情况下某数据被某个类别接受，而其他类别没有接受，这样这个数据就属于这个类别，而某数据被多个类别接受或被所有类别都不接受将其定为不确定。

（2）一对一的方法（OAO）

这种方法在 n 个分类中任选两种 n_i、n_k，这样一共可以组成 $n(n-1)/2$ 个不同的二分类 SVM。当数据归属 i 分类时，增加数据的 i 分类积分，如 $i=i+1$；同理，数据归属 k 分类时也将 k 分类的积分增加。最后观察数据在各个分类的积分，取最高积分作为数据的分类。但是，这个方法在类别较多的场合将带来较大的开销。

4.6 本章小结

本章首先讲述了支持向量机的原理和应用。多维特征的数据可以表达为多维空间中以特征向量作为坐标向量而表达的“点”，对这些数据分类，相当于寻找一个超平面，将空间中的点分为两个部分，距离超平面最近的点称为支持向量。从理论考虑，只要维度足够，总能寻找到一个超平面完成类别的分割。因此，支持向量机被视为一个优秀的分类器，具有良好的学习能力。

其次，可以用核函数方法处理线性不可分数据，它可以将数据从低维空间映射到高维空间，最简单的核函数是线性核函数，还可以利用多项式核函数和高斯核函数处理更加复杂的边界，低次多项式核函数的性能与线性核函数相近，而高次多项式核函数与高斯核函数相近。

本章还使用 matplotlib 库绘制了数据图形，除了本章提到的绘图方法需要掌握以外，还需要了解以下线型和标记，见表 4-4。

表 4-4 常用线型和标记

符 号	描 述	显 示
-	实线	——————————
--	破折线	- - - - - - - - - -
-.	点画线	-·-·-·-·-·-·-·-·-·
:	虚线	··························

续表

符　号	描　述	显　示
.	点	
,	像素	
○	圆	
∧	正三角形	
∨	下三角形	
<	左三角形	
>	右三角形	
s	四方形	
+	加号	
x	交叉	
D	钻石	
d	菱形	
1	下三脚	
2	上三脚	
3	左三脚	
4	右三脚	
h	六边形	
H	旋转后的六边形	
p	五角形	
|	垂线	
_	水平线	

另外，绘图中常用的颜色标记有'b'：蓝色；'g'：绿色；'r'：红色；'c'：青色；'m'：紫色；'y'：黄色；'k'：黑色；'w'，白色。

4.7 本章练习

1. 请实践本章的所有绘图例程。

2. 请画出 cos 函数，X 取值范围为 $-\pi$ 到 π，并移动脊柱，显示 4 个象限的内容，标注出 $\sin(\pi/2)$ 的值。

3. 请绘制出一个 100 个随机值的直方图。

4. 简述判别式法和生成式法的区别。

5. 如何针对特征数量选用核函数？

第5章 亦步亦趋的刻画——线性回归

前面学习了4种分类算法，现在在决策、预测等领域已经能够完成一些应用。观察可发现，这些算法都应用于离散领域，即数据的标记都不是连续的标称型数据。在实际应用中，还有相当一部分预测工作是针对连续值的，如预测明天的天气、下一阶段某商品的价格。本章将介绍在连续值预测方面应用最广泛的线性回归算法，以及一些用途广泛的扩展算法。本章的案例将尝试利用人工智能算法为连锁便利店安排饮料的送货量。

5.1 线性回归的实例：连锁店消暑饮料的送货量

连锁便利店的店面面积都不大，没有大量储存货品的能力，针对连锁店来说，如果能精确计算出每天的补货量，特别是对一些季节性强的货品进行统一配送，将在节约能源和提高店面使用率上起到很好的作用。“AI美邻”连锁店打算对夏季冷饮类货品进行精确配送，这个需求需要较好地预测第二天每个连锁店的销售量，而这个预测，当然要依据以往的销售情况，对于冷饮这类季节性强的货品销售量与气温、当地常住人口、店面交通便捷程度等因素都有较大关系。为方便说明和理解，只考虑气温、当地常住人口和店面交通情况因素，通过以往销售数据的记录，整理得到表5-1中的数据。

学习与素质目标

微课5-1
线性回归(1)

表5-1 门店环境和销售数据

序号	500 m 内公交站点数	气温/摄氏度	常住人口/万	销售量/件
1	3	40	6	50
2	5	34	5	45

续表

序号	500 m 内 公交站点数	气温/ 摄氏度	常住人口/ 万	销售量/ 件
3	3	21	7	36
4	3	26	6	38
5	5	7	6	25
6	6	29	9	49
7	5	12	6	29
8	4	39	10	57
9	4	25	6	39
10	2	22	7	36
11	2	19	9	38
…	…	…	…	…
327	4	35	7	48
328	4	30	7	44
329	5	33	10	53
330	4	20	8	38
331	2	11	5	24
332	3	33	8	48
333	3	27	10	47
334	5	35	9	53
335	3	22	8	39

对这些数据，可以先画出图像观察数据的分布，由于以上数据有 3 个特征和 1 个结果，不容易在常规的二维或三维图像中观察。为简单起见，先只观察气温和销售量的关系，使用电子表格软件针对表 5-1 的部分数据制作散点图，并添加趋势线后，如图 5-1 所示。

可以发现，数据有规律性趋势：随着气温的升高，销售量逐步增大。在电子表格中很容易对“趋势线”添加方程，如在图 5-1 中，趋势线的方程是 $y = 0.8414x + 19.319$。很明显，这是一个我们所熟悉的线性方程，表达了气温和销售量的关系，其中 x 是气温，y 是销售数量。但是，在实际问题中，数据还有公交站数量和常住人口两个特征，很显然，这些特征也会影响销售量。考虑已有的线性方程，可以将

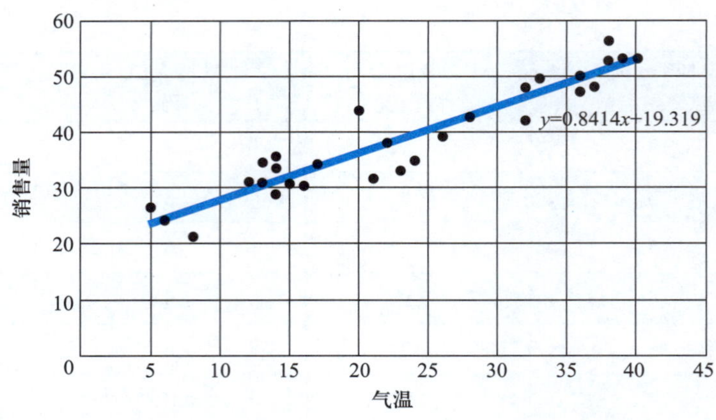

图 5-1 气温与销售量的趋势

车站数量和人口的影响也用乘系数的形式添加到已有方程中，那么方程将是以下形式：

$$y=k_1x_1+k_2x_2+k_3x_3+b \tag{5-1}$$

其中 y 表示销售量，x_1、x_2、x_3代表公交站点数、气温和常住人口 3 个特征，k_1、k_2、k_3为 3 个特征的影响因子，b 为偏置量（修正量）。那么显而易见的，上面方程的向量形式可以表达成为：

$$y=\omega X+b \tag{5-2}$$

在公式 5-2 中，ω 代表向量$[k_1,k_2,k_3]$，X 则代表向量$[x_1,x_2,x_3]^{\mathrm{T}}$。很明显公式 5-2 是一个线性方程，对于这个模型只要用以往销售记录中的 y 和$[x_1,x_2,x_3]$数据计算出 ω 和 b ，之后就可以通过给定新的$[x_1,x_2,x_3]$计算销售量了。由于上述过程建立在著名的线性方程 $y=\omega X+b$ 的基础上，所以这个方法被称为“线性回归”。同线性方程一样，在线性回归中 ω 也被称为权重矩阵，b 被称为偏置值。

线性回归算法利用已有数据求得“表达式”，可以利用特征对未知结果作出“预测”，这属于“监督学习”中的“回归”方法。

5.2 求解模型

首先，需要准备“数据”，由于数据量增大，本案例采用更有效率的方法处理数据。

一般应用中，为便于程序读取，可以利用电子表格软件将训练集和测试集分别保存为不同的文件。在本例中，训练集和测试集文件将都使用 CSV 格式保存。

另外，在本案例的装载数据部分也使用了更高效的方法。请看下面求解预测销售量模型的代码：

```
1   # -*- coding: utf-8 -*-
2   import numpy as np
3   from sklearn import linear_model as lnrmd
4   table=np.loadtxt ("ddcre.csv",delimiter=",")
5   x=table[:,0:3]
6   y=table[:,3]
7   regr = lnrmd.LinearRegression()
8   regr.fit(x,y)
9   # 查看模型
10  print ("w：",regr.coef_ )
11  print ("b：",regr.intercept_)
12  table=np.loadtxt ("ddtest.csv",delimiter=",")
13  T_x=table[:,0:3]
14  T_y=table[:,3]
15  print (regr.score(Test_x,Test_y))
16  print (regr.predict([[5,22,8]]))
```

程序一共 16 行，其中第 3 行引入 linear_model，并用 lnrmd 作为简写名称。在本章的程序中，换了一种更便捷的文件读写方式，不同于第 3 章和第 4 章中最基本的逐行读入。

```
4   table=np.loadtxt ("ddcre.csv",delimiter=",")
```

作为程序的输出，它向屏幕打印了以下内容①：

w： [0.9012 0.7998 1.8962]

b： 3.5408

w 和 b 就是求得的**模型的关键参数**。

为了测试模型是否正确，需要进行模型测试，观察预测销售量模型在测试集数据上的表现。代码如下：

① 由于输入数据差异或计算机对小数点取舍的不同，显示的结果会有差异，读者观察类型和数据形状相同，并理解其含义即可，其他程序也会如此。

```
table=np.loadtxt ("ddtest.csv",delimiter=",")
T_x=table[:,0:3]
T_y=table[:,3]
print (regr.score(Test_x,Test_y))
```

这时程序输出0.98，在回归类预测中该数据越接近1，表示预测的优度越好，它被称为R^2分数(R^2_score)，也称为决定系数。求出的模型的决定系数越高，说明模型的响应越好，若在测试集上求出的决定系数较低，则就是“欠拟合”(训练过程不充分)。

这时可以将新的公交站点情况、气温、常住人口等数据输入模型，即可得到预测的销量，代码只有如下1行：

```
print (regr.predict([[5,22,8]]))
```

得出的结论类似：[40.81164493]，即在气温为22℃、附近有5个公交站点、常住人口为8万的时候，销售量大约是41件。

利用这样的模型，连锁店就可以决定第二天的送货量了。

微课5-2
线性回归(2)

5.3 表达拟合结果和趋势

选择算法前，希望看到数据的分布，完成回归后，更希望直观地看到预测的趋势，这些都需要绘图解决。除了第4章所提到的基本绘图方法，读者还需要开发图像的表达“能力”。

一般平面图像，通常标以x轴和y轴，只能表达两个量之间的关系，如图5-1所示，这种平面图称为“二维图像”，通常只能表达一个特征与结果间的关系。可以试着扩展一下表示效果，例如绘制散点图时，用x轴表达气温特征，用y轴表达人口特征，然后用点的颜色灰度表达销售量，甚至再用点的大小和形状表达公交站的数量。例如，下面程序：

```
import numpy as np
import matplotlib.pyplot as plt
table=np.loadtxt ("fig31.csv",delimiter=",")
cm = plt.cm.get_cmap('Greys')
plt.scatter(table[:,1],table[:,2],c=table[:,3],
s=table[:,0]*10,cmap=cm)
```

```
6    plt.show()
```

程序的运行结果如图 5-2 所示。

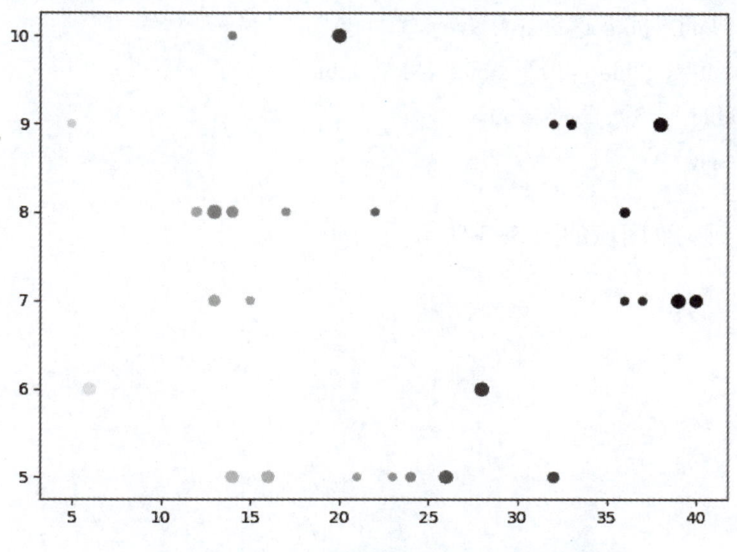

图 5-2 气温、人口、销售量与公交站的趋势图

程序第 3 行用 numpy 的 loadtxt 函数获取数据后，第 4 行先用 cm = plt.cm.get_cmap('Greys')产生灰度表，然后用语句 plt.scatter(table[:,1],table[:,2],c=table[:,3],s=table[:,0]*10,cmap=cm)直接绘图。

本程序在使用 scatter 函数时，将数据集的第 1 列和第 2 列数据（气温和人口）分别映射到了 x 轴和 y 轴，c 参数可以单独使用，也可以和 cmap 联合运用，如果 cmap 先指定一种颜色系，则 c 列表内的数字代表是该颜色系内的颜色，c=table[:,3]就是将数据集的数量与灰度对应。s 参数是指定点标记的绘制直径，本程序利用 s=table[:,0]将车站数目映射其中，由于数值较小不易观察，所以这里将直径放大 10 倍显示。

通过上面程序，读者已经彻底挖掘了二维图像的表达能力，但即使这样，在多个特征表达方面，图像表达的效果确实不能达到图 5-1 那种“一目了然”的程度。

下面还可以尝试用一个三维坐标表达表 5-1 中的车站数量、气温和人口 3 个特征，用点的颜色灰度表达销售量。程序如下：

```
import numpy as np
import matplotlib.pyplot as plt
from mpl_toolkits.mplot3d import Axes3D
```

```
table=np.loadtxt("fig31.csv",delimiter=",")
fig=plt.figure()
ax = Axes3D(fig)
cm = plt.cm.get_cmap('Greys')
ax.scatter(table[:,0],table[:,1], table[:,2],
c=table[:,3],cmap=cm)
plt.show()
```

该程序得到三维图像如图 5-3 所示。

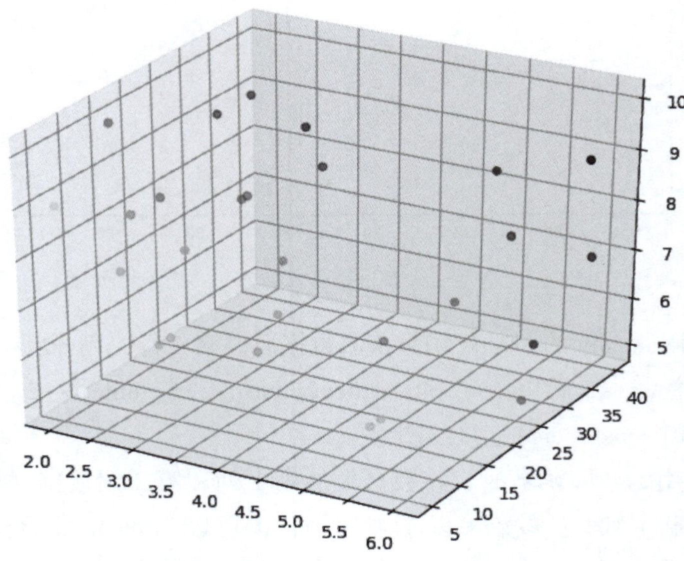

图 5-3 公交站、气温、人口与销售量的三维图

从该图像可以看出，人口越多、气温越高、车站越多，则点的颜色越深，即三维图像比二维要直观一些。

程序中利用 ax=Axes3D(fig)创建一个绘制三维图的对象，然后用语句 ax.scatter(table[:,0],table[:,1], table[:,2], c=table[:,3],cmap=cm)绘制三维图。

前 3 个参数分别是三维图的 x、y、z 轴的列表，分别映射了车站、气温和人口数据，然后用供货数量来指定灰度，还是使用 c 和 cmap 参数。

读者肯定已经发现一个规律，图像维度越高，能够表达的特征数量越多，图像越直观。可惜只有二维和三维图像，当前只能观察维度较少的数据，对于多维度特征的数据，后续章节将利用特征降维的方法把无法在三维世界中直接呈现的数据简化压缩后再进行观察。

5.4 模型可用性的度量

在前面章节的学习中，测试使用的是准确率这个概念。而在 5.3 节中，出现了决定系数即 R^2分数的概念，在回归类预测中该系数越接近 1，表示预测的优度越好。原因是本章之前的算法皆为分类算法，评价分类算法使用准确率，而对回归算法，优良程度由预测值和测试集数据的偏差表达。常用的对连续值预测偏差的测量方法共有 4 种，其中只考察预测值与真实值的指标有以下 3 种：

① 均方误差（Mean Squared Error，MSE）。公式如下：

$$MSE = \frac{1}{m}\sum_{i=1}^{m}(y_i - \hat{y}_i)^2 \tag{5-3}$$

其中，y_i是测试集上的预留真实结果，$\hat{y}_i$是模型的预测值。读者可以看到均方误差与方差一致。

② 均方根误差（Root Mean Squard Error，RMSE）。公式如下：

$$RMSE = \sqrt{\frac{1}{m}\sum_{i=1}^{m}(y_i - \hat{y}_i)^2} \tag{5-4}$$

可以看出，RMSE 如其英文原意一样，是 MSE 的算术平方根，而且它与标准差一致。

③ 平均绝对误差（Mean Absolute Error，MAE）。公式如下：

$$MAE = \frac{1}{m}\sum_{i=1}^{m}|y_i - \hat{y}_i| \tag{5-5}$$

整体误差程度的测量不能出现因误差的“正负”值相互抵消而减少误差数值“总和”的情况，所以前面 MSE、RMSE 两个指标利用平方运算去掉正负号，那么很自然 MAE 直接使用绝对值运算去除正负号。从这点考虑，前 3 个指标都只考虑测试集的预留真实结果 y_i和模型的预测值 $\hat{y}_i$ 之间的差，显而易见，这 3 个指标越大误差越大，但是由于这 3 个指标不足以说明总体误差趋势，于是又引入了 R-Squared 和 Adjusted R-Squared 衡量指标。

R-Squared 公式如下：

$$R^2 = 1 - \sum_{i=1}^{m}\frac{(y_i - \hat{y}_i)^2}{(y_i - \bar{y}_i)^2} \tag{5-6}$$

可以看出，R^2的取值范围是[0,1]，一般来说，R-Squared 越大，表示模型拟合效果越好。R^2反映的是大概有多准。因为，随着样本数量的增加，R^2必然增加，无法真正定量说明准确程度，只能大概定量。于是，可以对 R^2 再加工一下，升级成为 Adjusted R-Square 公式：

$$\widetilde{R^2}=1-\frac{(n-1)(1-R^2)}{(n-p-1)} \tag{5-7}$$

其中，n 是样本数量，p 是特征数量。Adjusted R-Square 抵消样本数量对 R-Square 的影响，取值范围还是[0,1]，且越大越好。

而在 5.3 节直接调用的 r2_score(y_test,y_predict)是 R-Squared，如果需要更精确的衡量可使用以下代码：

```
Ar=1-( (n-1) * (1-r2_score(y_test,y_predict)))/(n-p-1)
```

其中，y_test 是测试样本集，y_predict 算法的预测结果集。

5.5 线性回归的扩展

线性回归可以有多种变形以适应其他情况，如可以将线性回归发展成非线性回归。首先用 ln 函数，公式如下：

$$\ln(y)=\omega x+b \tag{5-8}$$

这时就出现了对数回归，如图 5-4 所示。如果预测值和特征值的关系是非线性的，就可以尝试使用各种非线性的回归方法。

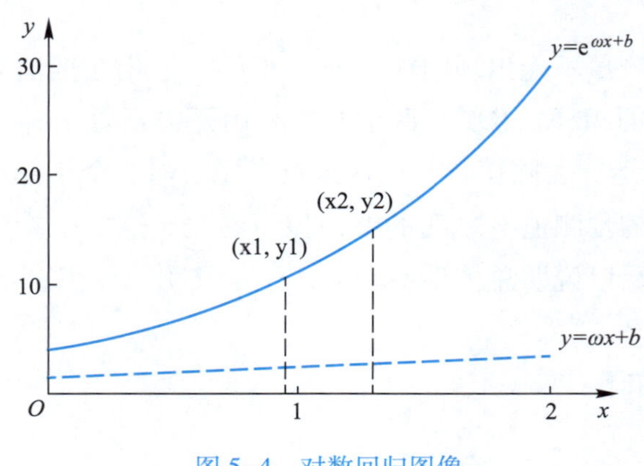

图 5-4 对数回归图像

对数回归经过变形还可以成为分类算法，其原理是复合使用 sigmoid 函数。

如图 5-5 所示图像中实线的函数图像为 sigmoid 函数，它是阶跃函数（图 5-5 中虚线）的替代方案，考察阶跃函数可以发现当 x 变化时，y 值只有 0 和 1 两种情况，那么阶跃函数实际上可以用作分类，但是由于阶跃函数是非连续的，使用不方便，所以通常使用连续的 sigmoid 函数替代阶跃函数。

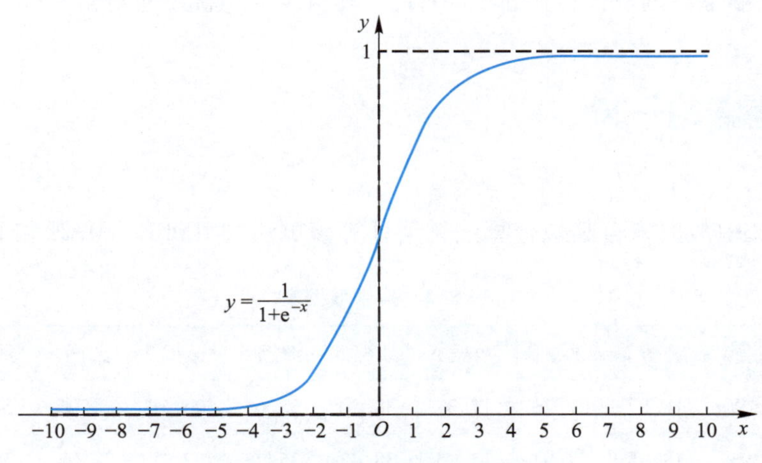

图 5-5 阶跃函数和 sigmoid 函数

sigmoid 函数的原型如下：

$$y=\frac{1}{1+e^{-z}} \tag{5-9}$$

结合对数回归通过函数变形后可推导出：

$$\ln\frac{1}{1-y}=\omega x+b \tag{5-10}$$

公式 5-10 中 $1-y$ 和 y 加起来为 1，恰可以分别表达概率的“正面可能”和“反面可能”，考虑有 ln 运算，所以称为对数几率回归，但是这个回归的用途是分类。而且，这时回顾一下，发现该公式的关键还是求 ω 和 b，对数几率回归也是线性回归的一个用途非常广泛的变形。

在后面神经网络的章节中将充分利用这个分类回归。

5.6 本章小结

本章介绍了用回归算法来预测连续值，但是考察线性回归的各种扩展算法，可以发现线性回归和各种扩展算法能够胜任很多工作，甚至包括分类工作。

此外，本章提到，与分类算法对模型测试的方法不同，回归算法的优良程度应该由预测值和测试集数据的偏差表达。常用的对连续值预测偏差的测量方法共有 MSE、RMSE、MAE 和 R^2 4 种，而在回归算法中可用 R^2 及其变形指标来度量回归算法的优度，R^2 及其变形指标的取值范围都是[0,1]，其值越大，优度越好。

5.7 本章练习 

1. 表 5-2 中数据来自某拟合算法，请计算该算法的 RMSE、MAE 和 R^2。

表 5-2 拟合数据表

	数据 1	数据 2	数据 3	数据 4	数据 5	数据 6	数据 7	数据 8	数据 9	数据 10
真实值	71.96	18.87	27.76	17.37	38.20	35.65	23.18	4.06	58.91	40.87
拟合值	1.95	18.95	27.91	17.25	38.43	35.33	23.38	4.05	59.33	40.54

2. 针对第 1 题绘图，分别用红色和蓝色表示真实值和拟合值。

3. 表 5-3 中数据是某产品价格随原材料和市场需求波动的数据记录，针对下面数据使用拟合算法，预测该产品的价格。

表 5-3 产品价格波动数据统计表

原材料价格（元/吨）	市场缺货数量（万件）	每件（1000 支）产品历史价格（元）
2000	20	3524
1500	23	2777.6
2200	20	3824
1600	28	2933.6
2100	28	3683.6
2000	29	3534.8
1500	15	2768
2000	24	3528.8
2100	27	3682.4
1900	20	3374

续表

原材料价格（元/吨）	市场缺货数量（万件）	每件（1000 支）产品历史价格（元）
1900	32	3388.4
1700	23	3077.6
1700	25	3080
2200	28	?
2100	21	?

4. 绘制第 3 题的数据分布图和趋势图。
5. 在拟合过程中，是否需要对数据集归一化？原因是什么？

第6章 明察秋毫的发现与总结——聚类方法

前面介绍的几种方法都是“监督学习”，其特征是训练集中数据都有标记，用人工智能方法学习其中数据和特征的关系，形成模型，力求用模型对未知的情况提出一个“准确”的答案。除了提供“准确”答案以外，人工智能在发现新问题以及辨析规律方面也有很多应用需求，在这方面应用较广泛的是“非监督学习”。所谓非监督学习，即训练集的数据没有标记，需要使用人工智能方法从数据中找到特定的“规律”。本章将介绍一种常见的非监督学习方法——K 均值聚类算法。

学习与素质目标

6.1 利用 K 均值算法聚类

微课 6-1
聚类方法(1)

已有的数据到底分为几个类型，这个问题有很大的意义。例如，一个北方城市的公园想要种植樱花，需要了解哪些樱花是耐寒的，但是樱花的种类有数十种，试种所有种类然后筛选一遍显然不是个好的办法。那应该怎么办呢？一个具有可行性的方法就是按照若干与耐寒性相关的生物化学参数，将这些樱花聚集为几类，然后在每一类里试种一个代表或通过资料查证同类别樱花的表现，这样就知道这一类的耐寒性了。这种方法称为“聚类”。不同于分类，聚类事先不知道数据会分为几类，是通过聚类算法将数据聚合成几个群体（术语为“簇”，Cluster）。聚类算法不需要对数据进行标定，属于无监督学习。

假设有 500 个二维的散点，想观察它们能够归属到几个类别中，最直观的方法莫过于绘图了，如图 6-1 所示。

绘制出分布图后，非常容易得出图 6-1 的数据可以分为两类的结论。这时，考虑做出判断的原因，大部分读者应该是根据“距离”的直觉做出了判断，从图 6-1 上观察，这些点应该存在两个密度中心，图中的散点分别聚集在两个中心周围，所以

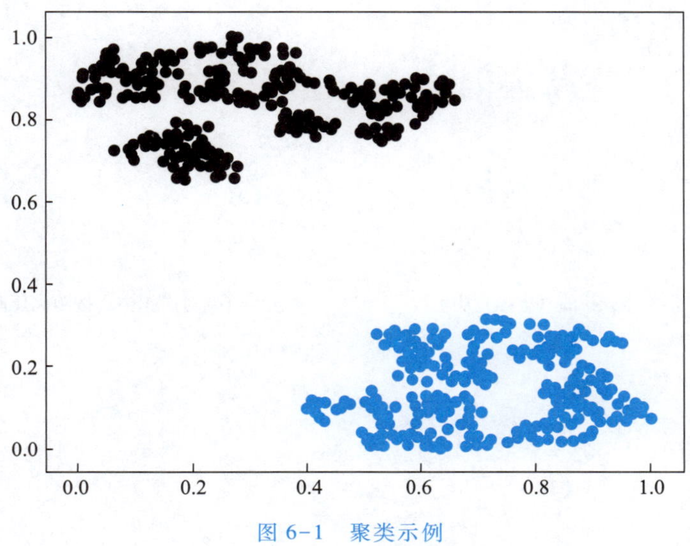

图 6-1 聚类示例

推断有两类数据。

对于聚类来说，可分为硬聚类和软聚类，本书只讨论硬聚类，即每个数据点只能属于单个类。聚类首要的概念是聚类中心，中心点的数量与需要聚类的数量一致，一旦中心确定后，只须考虑将数据点归置到较近的中心点即可。因此，关键点就是如何确定中心点的位置。

首先确定需要聚类的类别数量，以图 6-2 中的数据为例，假设需要将数据聚集成 3 类，则任意指定 9 个点中的 3 个点作为 3 个类别中心点，如图 6-2 中的 6、7、8 号点；然后将其他点按每个点只能归类到距离最近的类别原则归类。

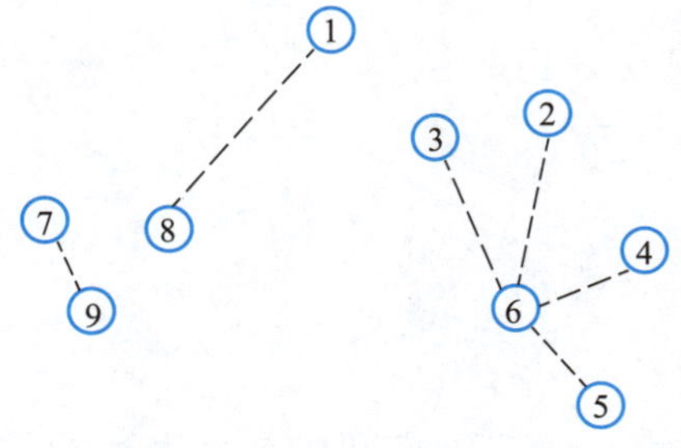

图 6-2 任意指定 6、7、8 号点为初始中心点，并归类

这时，在所有分类中，按距离求该分类的中心点，如图 6-3（a）所示；接下来利用新中心，再次归类，如图 6-3（b）所示。注意，此时图 6-3 中的“新中心”皆为“虚拟中心”，图中用棱形表示。

这时候继续计算每一类的中点，并再次按新中心归类，如图 6-4 所示。

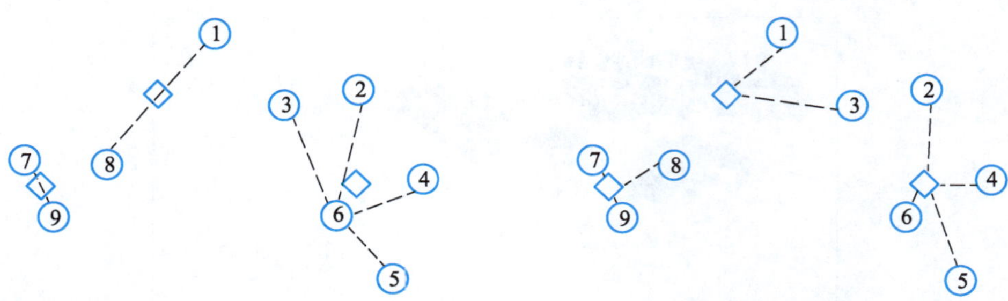

图 6-3 计算新的“虚拟”中心并分类

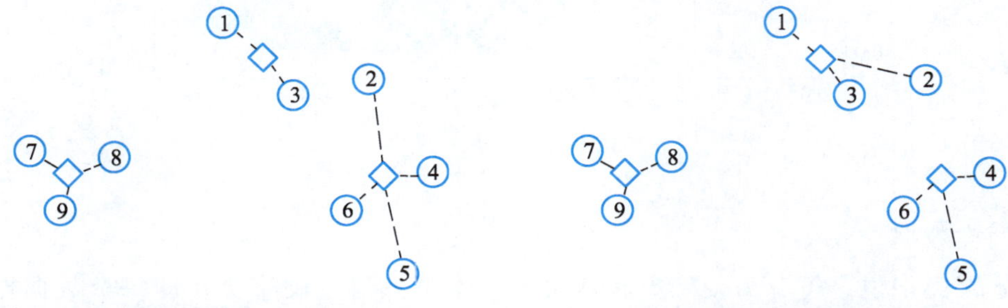

图 6-4 再次计算新的（虚拟）中心并分类

重复这个过程直至中心点和归类的点不再发生变化，针对这 9 个点，再下一步即获得稳定的结果，如图 6-5 所示。

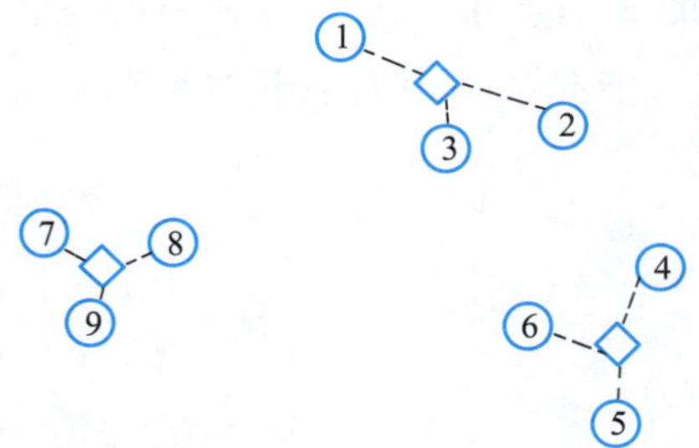

图 6-5 利用 9 个点演示聚类算法所得效果

以上是聚类的环境发生在一个二维空间中，可表达的数据维度也是二维，两点间的距离计算使用了平面的求距离公式：

$$d=\sqrt{(x_i-x_j)^2+(y_i-y_j)^2} \tag{6-1}$$

如果是 n 维数据则需要使用 n 维空间的距离计算公式：

$$d_{l^2}((x_1,\cdots,x_n),(y_1,\cdots,y_n)):=\left(\sum_{n=1}^{n}(x_i-y_i)^2\right)^{\frac{1}{2}} \tag{6-2}$$

但这里还有个问题需要解决，如图 6-2 所示的 9 个点被指定分为 3 类，当然也可以指定分为 2 类或者 4 类，但是到底分为几类好呢？

显然这是一个重要的问题。观察图 6-1，可以得到一个直观的结论，即类别数应该取决于图中有多少个“质心”，而质心的确定取决于各质点与簇内样本点的平方距离误差（SSE：The sum of squares due to error）。那么，对于一个簇，它的平方距离误差越低，代表簇内成员越紧密；平方距离误差越高，代表簇内结构越松散。很明显，平方距离误差会随着类别的增加而降低，如极限情况，质心数目与质点数量一致，即各点自成一类，那么平方距离误差将为 0。由此可以推断出，对于有一定区分度的数据，在达到某个临界点时 SSE 值会得到较大变化，之后缓慢下降，这个临界点就可以考虑为聚类性能较好的点。

例如，考察某数据集在分类数 1 到 8 时，SSE 和分类数的对应图像如图 6-6 所示。

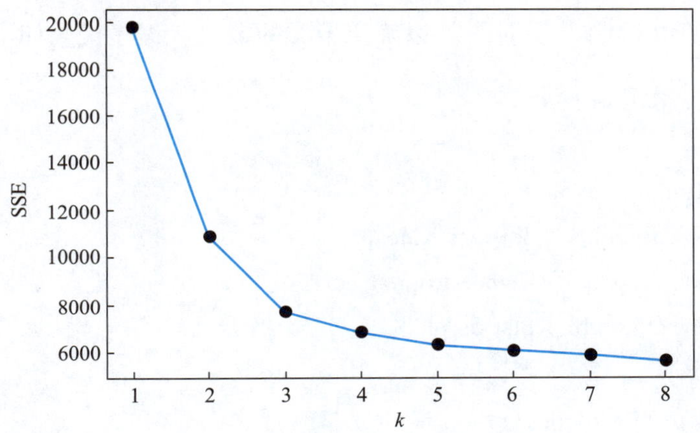

图 6-6 SSE 对 Clusters 的手肘图

从图中可以看出，当 $k=3$ 时，SSE 得到大幅改善，所以，可以考虑选取 $k=3$ 作为聚类数量。一般来说，该类图像都会展现一个肘部轮廓，选取肘部曲率最高时的 k 值作为最佳聚类数较为适宜。图中的曲率指半径的倒数，具体值也可以通过左右邻接点求出。

微课 6-2
聚类方法(2)

6.2 利用 K 均值算法进行樱花耐旱性聚类

6.1 节分析了 K 均值（K-means）算法的原理，本节将利用成熟的 K 均值算法对樱花数据进行聚类，并研究新出现的一些问题。

如图 6-7 所示是 10 种樱花的 12 种耐寒生化指标，现在计划将这些樱花根据耐寒性能进行聚类，并了解具体聚类情况。

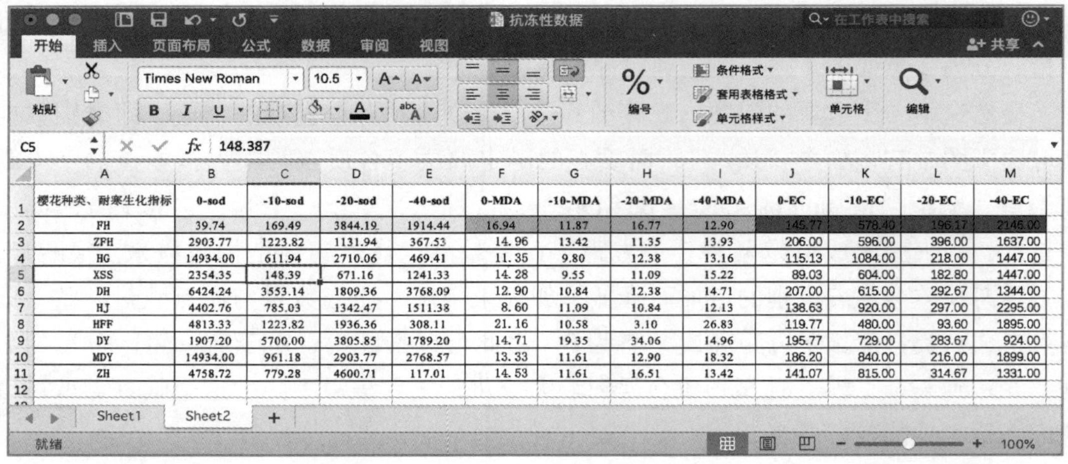

樱花种类、耐寒生化指标	0-sod	-10-sod	-20-sod	-40-sod	0-MDA	-10-MDA	-20-MDA	-40-MDA	0-EC	-10-EC	-20-EC	-40-EC
FH	39.74	169.49	3844.19	1914.44	16.94	11.87	16.77	12.90	145.77	578.40	196.17	2146.00
ZFH	2903.77	1223.82	1131.94	367.53	14.96	13.42	11.35	13.93	206.00	596.00	396.00	1637.00
HG	14934.00	611.94	2710.06	469.41	11.35	9.80	12.38	13.16	115.13	1084.00	218.00	1447.00
XSS	2354.35	148.39	671.16	1241.33	14.28	9.55	11.09	15.22	89.03	604.00	182.80	1447.00
DH	6424.24	3553.14	1809.36	3768.09	12.90	10.84	12.38	14.71	207.00	615.00	292.67	1344.00
HJ	4402.76	785.03	1342.47	1511.38	8.60	11.09	10.84	12.13	138.63	920.00	297.00	2295.00
HFF	4813.33	1223.82	1936.36	308.11	21.16	10.58	3.10	26.83	119.77	480.00	93.60	1895.00
DY	1907.20	5700.00	3805.85	1789.20	14.71	19.35	34.06	14.96	195.77	729.00	283.67	924.00
MDY	14934.00	961.18	2903.77	2768.57	13.33	11.61	12.90	18.32	186.20	840.00	216.00	1899.00
ZH	4758.72	779.28	4600.71	117.01	14.53	11.61	16.51	13.42	141.07	815.00	314.67	1331.00

图 6-7 10 种樱花的 12 种耐寒生化指标

首先需要计算并绘制“手肘图”以确定聚类的数目。程序代码如下：

```
#-*- coding:utf-8 -*-

import numpy as np
from sklearn.cluster import KMeans
from scipy.spatial.distance import cdist
import matplotlib.pyplot as plt
import sys
import pandas as pd

#测试 9 种不同聚类中心数量下,每种情况的 SSE,并作图
fn="yhkdx.csv"
df = pd.read_csv(fn)#, skiprows=0, nrows=3500
sub_df=df.values[:,]
d_lab=sub_df[:,0]
X=sub_df[:,1:]

K = range(1,10)
mean_dist = []

for k in K:
    kmeans = KMeans(n_clusters=k)
```

```
        kmeans.fit(X)
        #此处代码计算所有点与对应中心的距离的平方和的均值
        mean_dist.append(sum(np.min(cdist(X,kmeans
        .cluster_centers_,'euclidean'),axis=1))/X.shape[0])

plt.plot(K,mean_dist,'bx-')
plt.xlabel('k')
plt.ylabel('SSE')
plt.title('Selecting k with the Elbow Method')
plt.show()
```

程序运行结果如图 6-8 所示。

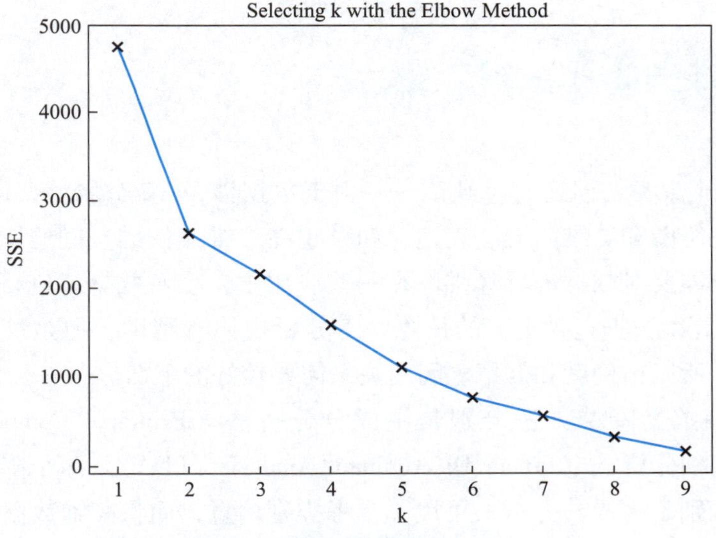

图 6-8 10 种樱花数据的手肘图

考察图中各点的曲率得知，数据聚合分类数量应为 2。

接下来用 n_clusters=2 进行聚类，之后由于 labels_中存入了聚类后每一组数据对应的类型标签，利用一次迭代打印所有分类信息。程序代码如下：

```
kmeans = KMeans(n_clusters=2)
kmeans.fit(X)
nar=kmeans.labels_
for i in range(len(nar)):
    print (d_lab[i],"\t:type_%d"%nar[i])
```

获得结果如下：

```
非寒          :type_0
钟花粉        :type_0
红粉          :type_1
修善寺        :type_0
大寒          :type_0
河(津)        :type_0
红粉(粉)      :type_0
大渔          :type_0
牡丹(樱)      :type_1
钟花          :type_0
```

6.3 利用降维简化数据 

微课 6-3
聚类方法(3)

6.2 节完成了聚类，但还有个缺陷——由于数据涉及 12 个属性，即分散于 12 个维度，普通的三维图和二维图无法表达，如果想在二维或三维空间绘图，还需将数据进行特定处理，即要对数据进行降维。在一些应用中，会对数据集进行降维，以略去一些“细节”。高维数据包含更多的信息，对分析规律有帮助，但是高维数据意味着更多的计算量，所以精确度和效率之间的关系需要较好的平衡。

常用的两种数据降维方法分别是主成分分析法（Principal Component Analysis，PCA）和线性判别分析法（Linear Discriminant Analysis，LDA）。两个降维方法各有特点，最明显的区别是主成分分析法可以不参考类别信息，而将高维数据映射到 n_components。n_components 为自然数，且小于原来的维度。下面程序将樱花的 12 维数据映射到二维并绘图表达：

```
from sklearn.decomposition import PCA
pca = PCA(n_components=2)
pca.fit(X)
X_new = pca.transform(X)
plt.scatter(X_new[:,0], X_new[:,1],marker='o',c=nar)
plt.show()
```

程序运行结果如图 6-9 所示。

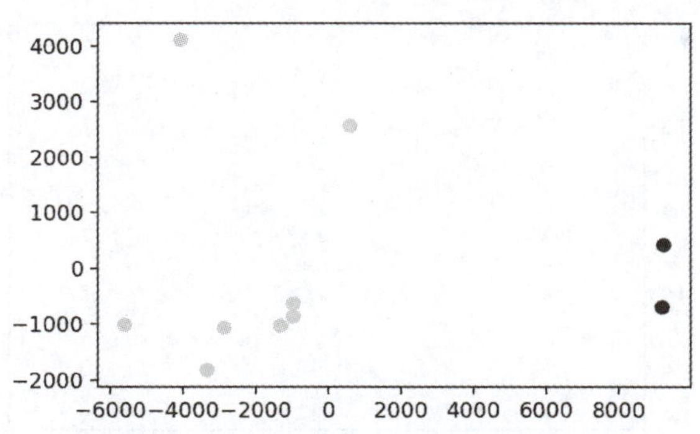

图 6-9 10 种樱花数据的 PCA 降维数据图

线性判别分析法可以利用已有的分类信息降维。已有分类信息的数据可以利用 LDA 更好地反映聚类情况，但是恰是由于 LDA 函数（LinearDiscriminantAnalysis( )）会利用类别数（clusters）进行降维，由于矩阵运算规则，散度矩阵的秩最大为 Ts-1，所以 LDA 降维的最大维度也只能为 clusters-1，而在本案例中，由于 clusters=2，所以，只能将原始数据映射到一维空间。为了将数据在二维空间加以表达，注意程序的第 57 行插入了一个维度并用随机值进行填充，对于 clusters>2 的情况，可以指定 LinearDiscriminantAnalysis( ) 函数的参数 n_components = k，其中 k 为自然数且 $k \in [1, \text{clusters}-1)$。以下是利用 LDA 方法的程序代码：

```
50  from sklearn. discriminant_analysis import
        LinearDiscriminantAnalysis
51  kmeans = KMeans(n_clusters=2)
52  kmeans. fit(X)
53  nar=kmeans. labels_
54  lda = LinearDiscriminantAnalysis()
55  lda. fit(X,nar)
56  X_new = lda. transform(X)
57  Y_n=np. random. rand(len(nar))
58  plt. scatter(X_new,Y_n,marker='o',c=nar)
59  plt. show()
```

程序运行结果如图 6-10 所示。

至此，就完成了基本的聚类方法 K-means 的学习，并研究了如何选取去聚类的数量以及对多维数据进行降维，从而利用二维或三维图像更好地理解数据。读者可以利用本章的一些算法继续进行一些更具有挑战性的工作，如文本查重、热点搜索等应用。

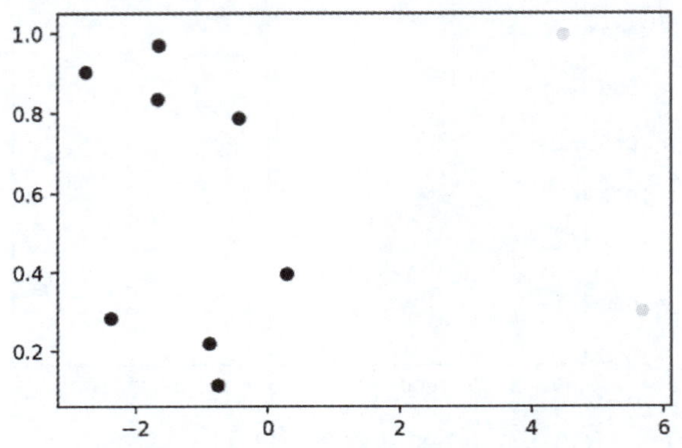

图 6-10 10 种樱花数据的 LDA 降维数据图

6.4 本章小结

不同于监督学习，无监督学习的最大特点是预先不知道需要“寻找和求解”的内容，所以无监督学习的数据集不含标记。聚类学习将相似数据点归于同一簇，本章介绍了一种广泛使用的聚类算法：K 均值（K-means）算法，即用特征的“距离”来表征相似度，将数据点分为 K 个簇，算法从 K 个随机质心开始，计算每个点到质心的距离，将每个点都分配到最近的质心，由此形成 K 个簇，之后计算这 K 个簇的质心，重新计算距离，由此不断更新簇的成员和质心，直至质心不再改变。可以使用簇内数据点与“质心”的距离均方差和不同 K 值所形成的“手肘图”中的最大曲率点确定 K 值。

本章利用降维算法将多维特征的数据映射到二维或三维空间以达到观察的目的，其中主成分分析法（PCA）不需要分类信息，而线性判别分析法（LDA）需要分类信息，且降维后的特征维度不能大于分类数减一。另外，数据降维减少了数据的特征，但是可以减少计算量。

6.5 本章练习

1. 利用本章的樱花数据实践聚类算法，并通过“手肘图”确定聚类数量。

2. 打开本章配套资源中的练习文件，该文件内容为某电商网站的客户数据，分别为平均消费间隔、累计消费次数、累计消费金额，要求利用聚类方法探索客户的消费类型。

3. 使用三维视图表达第 2 题的数据分布。

4. 简单描述 PCA 和 LDA 降维方法的区别。

第7章 披沙沥金的选择——神经网络

神经网络是当今人工智能领域的一个热点话题，对神经网络的定义也有许多版本，其中对人工智能应用影响最大，在“人工神经网络”领域中使用最广泛的是 Kohonen 在 1988 年提出的：“神经网络是具有适应性的简单单元组成的广泛并行互联的网络，它的组织能够模拟生物神经系统对真实世界物体做出的交互反应。”在人工智能领域，研究者们也一直希望能够构建人工神经网络，利用其对现实世界的反应达到机器学习的目的。

学习与素质目标

7.1 累计触发：神经网络概述 

微课 7-1
神经网络(1)

现代的“人工神经网络”是受生物神经的启发才逐步发展而来，生物神经网络中最基本的组织是神经元，以脊椎动物神经细胞为例，其组织的一般形态如图 7-1 所示。

组织虽然复杂，但是功能却比较简单，当“突触”接收的信号（能够引发电位变化的化学物质）传导到细胞体中并积累到一定程度，它就被“激发”，激发的结果是这个神经元会向其他神经元发送化学物质。

1943 年 McCulloch 将上述过程描述成简单的模型，这就是沿用至今的 M-P 神经元模型，如图 7-2 所示。

图中节点 Q 的值为 y，为 Q 设定一个阈值 k，而 $x_1, x_2, \cdots, x_n$ 皆为 Q 的输入，当 $x_1, x_2, \cdots, x_n$ 输入累积到超过 k 时，y 的值将发生一个明显的变化。这个过程可以用一个函数式表达：

$$y = f\left(\sum_{i=1}^{n} \omega_i x_i - k\right) \qquad (7-1)$$

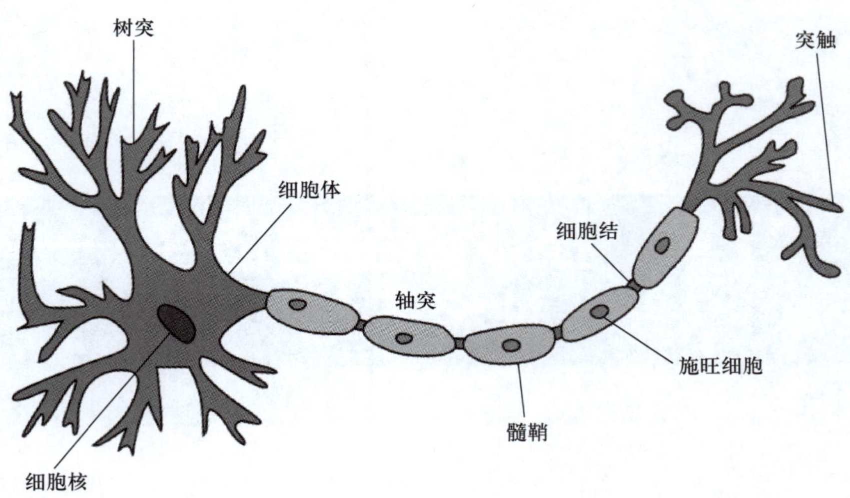

图 7-1 脊椎动物神经细胞

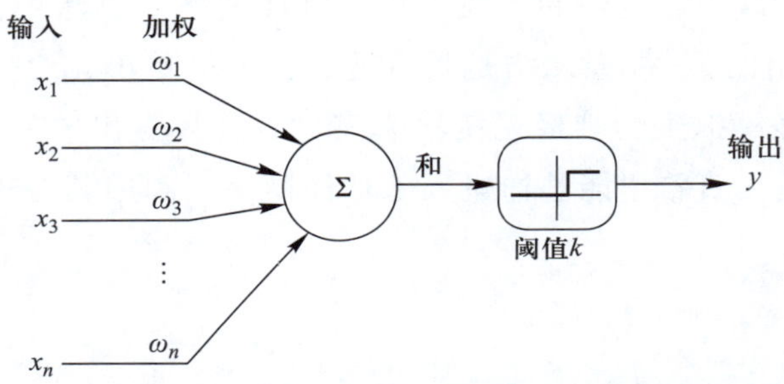

图 7-2 M-P 神经元模型

函数中 $\sum_{i=1}^{n}\omega_i x_i$ 表达输入量的积累，那么当积累超过 k 时，什么样的函数能让人工神经元有一个“激发”的响应呢？这个功能可以由图 7-3 中虚线所示的“阶跃函数”

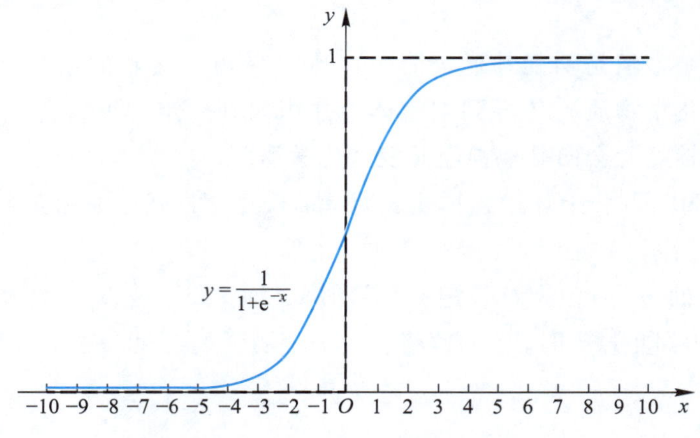

图 7-3 阶跃函数与 sigmoid 函数

完成。观察阶跃函数，它的特点是只有两个状态，而状态的变化只有在 $x=0$ 时才发生。用通俗的话讲，神经元的功能就是对所有输入信号求和，到达一定量之前隐忍不发，超过限度后激发一下。

阶跃函数虽然可以完成“激发”的功能，但是，由于它是分段函数，不连续，因此不利于计算，所以在实际使用中用 sigmod 函数替换它。sigmod 函数是一个连续的函数，如图 7-3 所示的实线所示。

最复杂的神经网络也要从最简单的单个神经元开始，而只包括输入和输出的两层神经就是最简单的神经网络了。这种简单的两层网络被称为“感知机”，观察只包含3 个神经单元的双层网络，如图 7-4 所示。

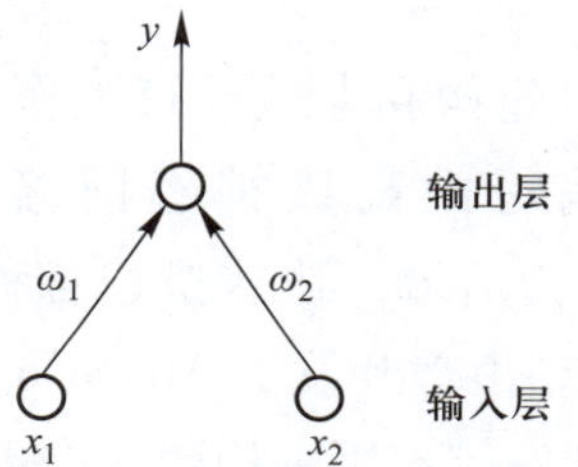

图 7-4 两个输入一个输出单元的双层网络

微课 7-2
神经网络（2）

图 7-4 中的网络由 2 个输入单元和 1 个输出单元组成，只将 x_1 和 x_2 考虑作输入节点，则无须考虑它们的表达式，所以在整个网络中只考虑 y 节点，为了简化分析，使用 sgn 函数，该函数只判断参数是否“非负”，那么 y 节点的表达式可以写作：

$$y=\operatorname{sgn}(\omega_1 x_1+\omega_2 x_2-Q) \tag{7-2}$$

这时可以设置 ω_1、ω_2 为 1，Q 的值为 2，于是公式 7-2 变为：

$$y=\operatorname{sgn}(x_1+x_2-2) \tag{7-3}$$

这时得到了一个最简单的“或逻辑”网络，如用 1 和 0 代表是与否，那么 y 端的输出见表 7-1。

表 7-1 sgn 函数的输出

x_1	x_2	x_1+x_2-2	sgn（y 端的输出）
1	1	0	1
0	1	-1	0
1	0	-1	0
0	0	-2	0

通过实际运算可以发现，最简单的感知机网络可以完成判断“或”的逻辑计算。如果扩充网络中的节点数目，增加网络堆叠的层数，那么就可以进行更为复杂的工作。

通过实验发现，网络的层级越多，越有利于对世界作出复杂的反应。例如，用于图像识别的神经网络的层数早已超过百层，这种网络也称为深层网络，利用这种网络的“学习”过程称为“深度学习”，当前网络的深度还在不断加深，而由此带来的计算量也急剧增长。

简单的节点的组合能完成“人工智能”的任务吗？以下尝试建立一个实际的网络来完成实际应用。

7.2 神经网络体验：辨认鱼的种类

微课 7-3
神经网络(3)

为了更简单地完成神经网络建构和参数计算工作，将使用著名的 Keras API 开发包。Keras 是一个用 Python 编写的高级神经网络 API 开发包，其特点是能以 TensorFlow 等大型深度学习平台为后端，快速搭建各种神经网络的结构。本案例的后端由 TensorFlow 支持，TensorFlow 由曾开发了 AlphaGo 等一系列人工智能应用的 Google 大脑小组的研究员和工程师们开发，被用来构建各类人工智能应用。

下面将构建一个神经网络用来分辨鲤鱼和鲢鱼，只要有鱼类的外观信息，系统就能分辨鱼的种类。构建该神经网络的代码如下：

```
# -*- coding: utf-8 -*-
"""
keras_fish_loaddata.py
Created on Sat Oct 20 04:46:32 2018
@author: soohay
"""

import numpy as np
from keras.utils import np_utils
from keras.models import Sequential
from keras.layers import Dense, Activation
from keras.optimizers import SGD

def data_pro():

    trainset = np.load("trainset.npy")
```

```
    evaluset = np.load("evaluset.npy")
    TL=trainset.shape[0]
    EL=evaluset.shape[0]
    tx = trainset[np.arange(TL), 0]
    ty = trainset[np.arange(TL), 1]
    evx = evaluset[np.arange(EL), 0]
    evy = evaluset[np.arange(EL), 1]

    return tx, ty, evx, evy

def model_train():
    tx, ty, evx, evy=data_pro()

    model = Sequential([
        Dense(2, input_dim=2,use_bias=True),
        Activation('softmax'),
    ])
    sgd=SGD(lr=0.002)
    model.compile(optimizer=sgd,
                  loss='categorical_crossentropy',
                  metrics=['accuracy'])
    model.fit(tx, ty, epochs=10, batch_size=100)

    loss, accuracy = model.evaluate(evx, evy)

    print('test loss: ', loss)
    print('test accuracy: ', accuracy)

    print (model.weights)

if __name__ == "__main__":

    model_train()
```

该程序的输出和关键参数打印输出如下：

test loss: 0. 07928301948308945①

test accuracy: 1. 0

[<tf. Variable ' dense _1/kernel:0' shape = (2, 2) dtype = float32, numpy = array([[-0. 66967034, -0. 1437408],[1. 3470479 , - 1. 0962229]], dtype = float32)>, <tf. Variable 'dense_1/bias:0' shape = (2,) dtype = float32, numpy = array([-0. 01690037, 0. 01690037], dtype = float32)>]

为了使读者有实际的感受，这里利用刚才训练得到的网络参数，建立一个应用测试，体验神经网络工作的实际情况。代码如下：

```
# coding: utf-8
# identify fish
#
#
import numpy as np
ty = ["鲢鱼","鲤鱼"]  #  鲤鱼
ag = 1
maxinx = 0
while ag:
    bl = 0.0
    bl = float(input("输入鱼的身长 "))
    hl = 0.0
    hl = float(input("输入鱼的腮长 "))

    #weights:
    #[[-0.67, -0.14]
    # [1.34, -1.1]]
    #bias:
    #[0.02, -0.02]
    print("%5d%5d" % (bl, hl))
    maxinx = np.argmax((np.matmul([bl, hl],
    [[-0.67, -0.14], [1.34, -1.1]]) + [0.02, -0.02]))
    print(ty[maxinx])
    ag = int(input("again? press 1,Exit press 0 "))
```

① 注意本章所有计算得出的矩阵系数、损失率和准确率数据都会因计算平台不同存在结果的差别或误差。

该程序当输入鱼的身长和腮长时，程序就会将分类结果输出。例如，输入：

25.5 和 8.5

程序会输出：

鲢鱼

而输入：

27 和 5.5

则程序会输出：

鲤鱼

下面来分析一下本案例。首先，了解构建神经网络的程序 karas_fish_loaddata.py，该程序的第 8 行~第 12 行引用了程序所需要的工具包：

```
8    import numpy as np
9    from keras.utils import np_utils
10   from keras.models import Sequential
11   from keras.layers import Dense, Activation
12   from keras.optimizers import SGD
```

之后由于程序稍长，所以使用了一个简单的模块结构以增强结构和可读性：第 14 行 def data_pro()定义了处理数据的函数，第 27 行 def model_train()定义了网络训练函数。

第 47 行的 if __name__ == "__main__":说明当程序开始运行时需要执行的语句。从if __name__ == "__main__"模块的内容可以看出，程序一运行就执行 model_train()函数。

从第 28 行可以看到，在 model_train()的一开始就调用了 data_pro()函数，该函数的目的是处理数据，从中可以看到本程序在第 16 行和第 17 行使用了 trainset = np.load(**"trainset.npy"**)这种形式从文件装载了数据，这种方式比之前的 loadtxt 又方便一些，因为 np.load 方法可以直接装载结构化的数据数据。

接下来第 18 行和第 19 行，TL 和 EL 通过 shape 参数获得了训练集和测试集的长度。

以下 4 行装配了训练集和测试集的数据。

```
20       tx = trainset[np.arange(TL), 0]
21       ty = trainset[np.arange(TL), 1]
22       evx = evaluset[np.arange(EL), 0]
23       evy = evaluset[np.arange(EL), 1]
```

其中 tx 是训练集的特征，ty 是训练集的标记；evx 是测试集的特征，evy 是测试集的标记。

数据准备完善后，第 30 行～第 33 行搭建了网络。

```
30    model = Sequential([
31        Dense(2, input_dim=2,use_bias=True),
32        Activation('softmax'),
33    ])
```

网络名称是 model，模型由 Sequential 函数定义，该函数在 Keras 中用来生成普通的全连接网络。该函数的参数中 Dense 表示网络层级，由于 model 中只有一个 Dense，所以本案例是个单层网络。Dense 的参数说明了网络的特征：第 1 个参数指明网络的输出是 2，因为本案例的设计目的就是对 2 种鱼分类；input_dim=2 说明网络的输入参数的维度是 2，因为本案例的输入参数是鱼的身长和鳃长；use_bias 参数说明是否需要偏置，这里设为 True 表示“需要”。

后面的 Activation('softmax')表示本网络使用“对数几率回归”的 softmax 函数作为激活函数。第 5 章介绍过，对数几率回归用于分类。

第 34 行定义了“优化器”SGD 是一种被称为随机梯度下降的优化器，随机梯度下降会在以后解释。

定义网络和优化器之后，紧接着 3 行是网络“编译”：

```
35    model.compile(optimizer=sgd,
36                  loss='categorical_crossentropy',
37                  metrics=['accuracy'])
```

“编译”是生成网络的过程，这里的 optimizer 选项指定了网络的优化器是刚定义的 sgd；loss 参数用来指定损失函数，它是被优化的对象，之后将介绍这个 **categorical_crossentropy**（交叉熵损失函数）；网络的度量指标是 accuracy（准确度）。

训练网络的过程很简单，Keras 特地使用了和 skilearn 函数包一致的称谓 fit。

```
38    model.fit(tx, ty, epochs=10, batch_size=100)
```

Kreas 训练过程也需要向 fit 函数传入训练集的特征和标记，之后指定训练强度：epochs 参数将确定所有数据训练的“轮数”；batch_size 说明每次送入网络进行训练的数据量。

训练完成后，用下面程序在测试集上进行了测试，并打印准确率：

```
        loss, accuracy = model.evaluate(evx, evy)

        print('test loss: ', loss)
        print('test accuracy: ', accuracy)
```

从程序的输出情况看：

test loss： 0.07928301948308945

test accuracy： 1.0

其中，1.0 代表 100%，由于这个应用太简单了，所以准确率很高。

程序的最后一句话是将 model 的 weights 参数打印，weights 是该程序所优化的神经网络的重要参数，输出结果如下：

[<tf.Variable 'dense_1/kernel:0' shape=(2, 2) dtype=float32, numpy=array([[-0.66967034, -0.1437408],[1.3470479 , -1.0962229]], dtype=float32)>,<tf.Variable 'dense_1/bias:0' shape=(2,) dtype=float32, numpy=array([-0.01690037,0.01690037], dtype=float32)>]

结果中包含该网络的两个参数矩阵：

[[-0.66967034, -0.1437408],[1.3470479 , -1.0962229]]以及[-0.01690037, 0.01690037]

完成神经网络训练后，由于该网络十分简单，所以能将上面的重要参数手工写入“identify fish”程序：

```
        maxinx = np.argmax((np.matmul([bl, hl],
        [[-0.67, -0.14], [1.34, -1.1]]) + [0.02, -0.02]))
```

从这个简单的案例可以看出，项目总体上分为训练和使用网络两部分：定义网络结构，根据训练集优化网络模型，就可以得到所需要的神经网络参数，得到参数的过程就是神经网络的训练或学习过程；而利用参数完成实际工作的部分被称为“生产”过程。整个过程与人工智能的一般求解和应用方式是完全吻合的。

对照网络训练程序，如图 7-5 所示。

图 7-5 按以下步骤进行：

①：准备特征数据 X 和标记数据 Y。

②：定义网络模型。

③：将特征数据送入模型，计算出预测结果 Y′。

④：用损失函数表示标记数据 Y 和预测结果 Y′的偏差，那么训练就是使损失函数

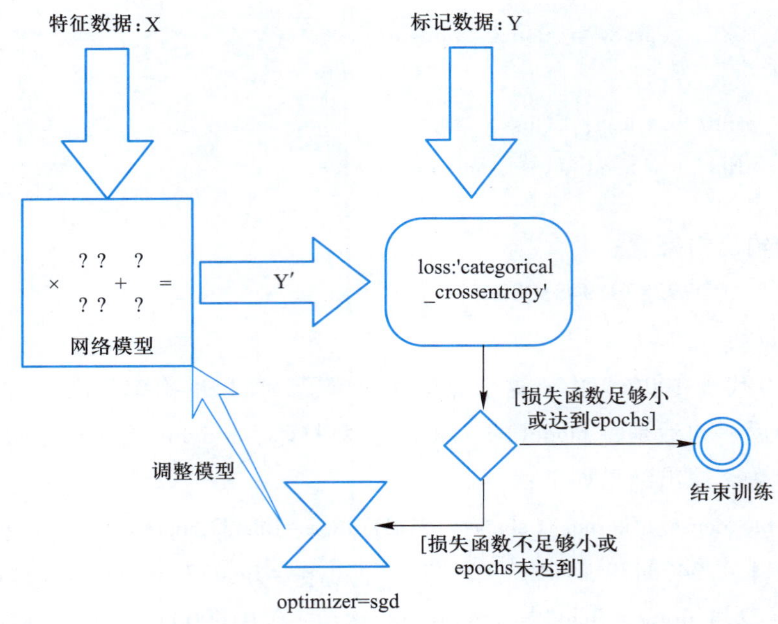

图 7-5 神经网络的训练过程

足够小。

⑤：若损失函数不够小，且训练“轮数”（epochs）未到（还有数据可训练），那么通过“优化器”调整模型参数。

⑥：重复步骤③~⑤，直至损失函数足够小或训练轮数用尽则退出训练。

如此看，神经网络的训练过程就是不断地将数据送入一个“黑箱”① 并得到“黑箱输出”，再用已知的正确结果和“黑箱结果”比对，若不符合就调整“黑箱”的参数，直到得到满意的结果。这时黑箱就成为调整好的具有“人工智能”的“机器”。

道理虽然简单，但是细节却蕴含着巧思，比如黑箱的结构应该是怎样的呢？这里的黑箱结构就是模型，其设计思路如下：

若一个输入对应一个输出，那么数学上最简单的形式就是 $y=kx+b$。对于这个简单的方程，若知晓 k 和 b，那么之后无论给出怎样的 x 都能求出 y。而且 k 和 b 非常容易求出，只要知晓两组 x、y 的值即可，比如 3、5 和 2、3。那么解联立方程：

$$\begin{cases}3k+b=5\\2k+b=3\end{cases}$$

解得 $k=2$，$b=-1$，于是 x 和 y 的关系就确定为 $2x-1=y$。

由此看模型最容易的关系就是多次使用的线性关系。观察公式 7-1 和公式 7-2 也可以得出线性关系的变形，关键是复杂的关系如何表达和确定系数。

① 黑箱算法是软件领域的术语指不知道实现细节，只考虑输入和输出关系的算法。

神经网络采取了“简单粗暴”的方法，y 是由多少特征决定的，有多少特征，就为线性模型确定多少个参数：

$$y=k_1x_1+k_2x_2+\cdots+k_nx_n+b \tag{7-4}$$

公式 7-4 可以用矩阵表达，即公式 7-5

$$y=\omega X+b \tag{7-5}$$

在公式 7-5 中，ω 表达了向量 $[k_1,k_2,\cdots,k_n]$，X 则表达向量 $[x_1,x_2,\cdots,x_n]^T$。很明显公式 7-5 是一个线性方程，神经网络求解的关键就是求这个模型的参数 ω 和 b，读者回顾 keras_fish_loaddata.py 第 45 行的输出也可以得到相同的结论。

下面的问题就是系数太多的方程计算量是巨大的，如何解决？另外，是否有办法提高模型的“智力”？

7.3 隐藏层和梯度下降

通过研究发现，脑细胞多的生物较聪明，那么，节点多的神经网络会“更聪明些吗”？试验发现：在大多数问题中节点多的网络准确率会提高，而且，同样多的节点数，层数多的网络性能比层数少的网络好。

于是，扩充当前神经网络中节点数的常见方法就是扩展网络结构的层数，当层数多于三层时必定产生对于输入和输出都不可见的“隐藏层”，如图 7-6 所示。

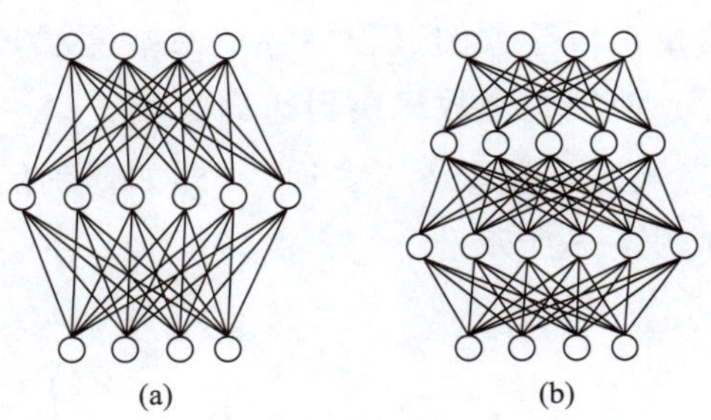

图 7-6 有隐藏层的多层网络

观察图 7-6 中的网络，在网络中每层的神经元只与下一层连接，不存在同层连接和跨层连接，这是最简单的多层网络形态，也称为“前馈网络”或“前馈神经网络”。

由于网络中的节点众多，需要一个有效的方法对每个节点的权值进行调节。对于监督学习而言，在“训练集”中除了输入属性 x_i 已知外，还知道每条数据的输出 y_i，这时可以先按照网络的定义，利用任意值初始化权值（称为 ω_0），计算出一个 y_{r_0}。可

以想见 y_{r_0} 和 y_i 必定存在偏差，该偏差也是权值的函数，在神经网络中称其为“损失函数”（Loss）。通过调节权值直至损失函数的值收敛于较低值，那么，就可以认为这时的权值能够让网络的功能达到最优，此 Loss 持续减低的过程如图 7-7 所示。通过试验总结，在分类算法中使用交叉熵（Crossentropy）函数作为损失函数有更好的性能，在 Keras 中交叉熵函数的名称是 categorical_crossentropy。

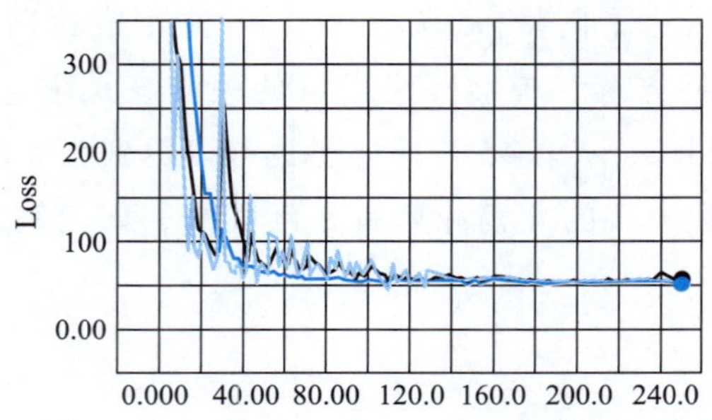

图 7-7 通过调节权值，Loss 逐步减低并收敛

如何有效地调节参数以达到最小的代价呢？由于实用神经网络中系数的数量巨大，不可能用联立方程的方式解出系数的“准确值”，所以在训练神经网络的过程中，通常使用一种“梯度下降算法”求解最优参数。

想象一座奇怪的山，所有的路径都是规范地沿着坐标轴 x 或 y 的方向，如何才能尽快到达山脚呢？方法就是每走一步，都先计算一下，从 x 方向走一步下山用时短还是从 y 方向走一步下山用时短，始终选择下降较快的方向，从而保证以最快的方式下山。这在数学中就是对变量求偏导数的过程，特征的维度就是计算的方向，在实际计算中将对各特征量求偏导，使损失函数尽快到达最低值。

下面的问题是下降“一步”究竟是“多远”，即如何确定损失函数的减小率？步幅太小了，则效率低，如图 7-8 所示。

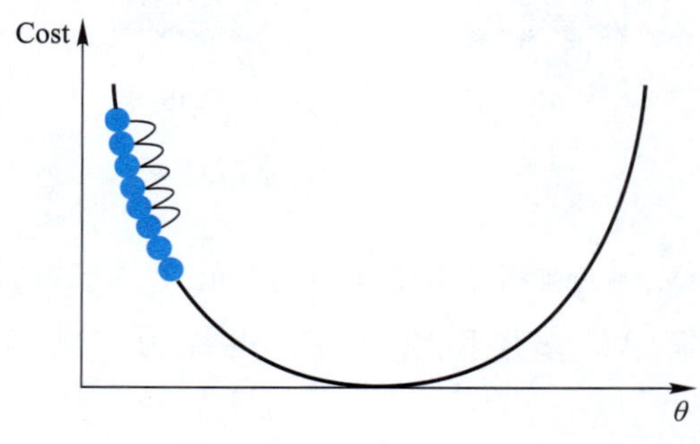

图 7-8 过小的学习率

步幅太大了，有可能总是错过最低点，甚至在最低点周围“振动”，如图 7-9 所示，专业术语称之为“不能收敛”。

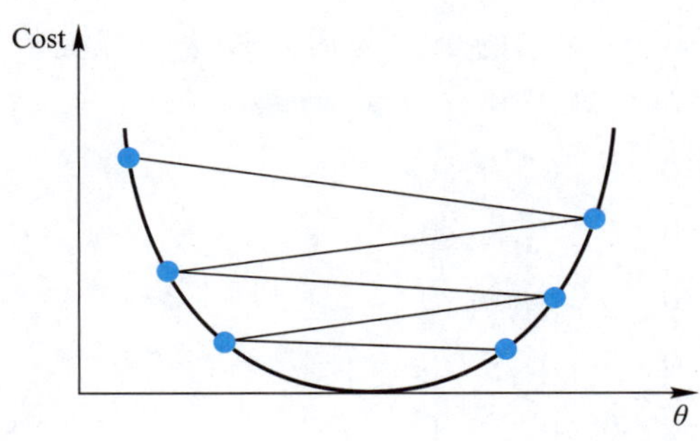

图 7-9 过大的学习率

所以寻找合适的调节幅度，也是非常重要的，这个幅度称为“学习率”，它是训练网络时一个重要的参数，由于它不属于神经网络中的参数，故被称之为超参数。karas_fish_loaddata. py 文件代码中的第 34 行 sgd=SGD(lr=0. 002)中的参数 lr 就设置了这个学习率。

优化的策略也比较重要，同样使用数据参与优化计算，是使用全部批量的数据（Batch Gradient Descent，BGD）即所有样本参与计算，还是随机选取数据参与计算（Stochastic Gradient Descent，SGD），抑或优化时只选取小批量数据（Mini-Batch Gradient Descent，MBGD）。

BGD 策略在每个系数的优化过程中都使用所有特征值，这样使损失函数可以得到最稳定的收敛，但是计算量比较大，由此训练耗时较大。SGD 每次更新权值系数时只取随机样本点，这样计算速度大大加快，但就是收敛性能不佳。MBGD 综合以上两种策略，在计算量和收敛性两者之间取得平衡。在 karas_fish_loaddata. py 文件中由于应用非常简单，程序第 35 行使用了 SGD 作为优化策略（sgd=SGD(lr=0. 002)）。

7.4 利用神经网络辨认手写数字

微课 7-4
神经网络(4)

手写数字辨认是神经网络应用的典型案例，通过此案例，读者可以很好地观察多层神经网络应用的各个方面。

首先，确定网络输出目标，辨别数字是个分类问题，其分类目标是区分 10 个数字，故分为 10 类。

在人工智能领域，单纯用数字表达分类存在一个容易混淆的问题，容易将“分类”误解成为“程度”，而在很多情况下，不同的分类之间根本没有数量的关系，所以应当让分类在不同的“维度”中，以确保它们不相关，因此需要利用“独热码”（onehot）来指示不同的分类。独热码是只有一个元素是 1，其余元素都为 0 的向量，用独热码表达分类时，向量中元素的个数与需要表达的分类数应该一致。例如，需要表达 0~9 的 10 个分类，可以使用下面一组独热码：

0：1，0，0，0，0，0，0，0，0，0
1：0，1，0，0，0，0，0，0，0，0
2：0，0，1，0，0，0，0，0，0，0
3：0，0，0，1，0，0，0，0，0，0
4：0，0，0，0，1，0，0，0，0，0
5：0，0，0，0，0，1，0，0，0，0
6：0，0，0，0，0，0，1，0，0，0
7：0，0，0，0，0，0，0，1，0，0
8：0，0，0，0，0，0，0，0，1，0
9：0，0，0，0，0，0，0，0，0，1

那么可以预设网络的输出是一个 10×1 的矩阵，也可以称之为 10 个元素向量。在本应用中，将使用 softmax 网络作为输出，它会依据概率为每个分类的“打分”，得分最高的分类将“胜出”。

由于以上设定，最终识别出的数字应该是 10×1 的矩阵最大元素的下标。网络的输入是手写数字的图像，由于手写数字的素材使用 28×28 像素的图像，在像素规模看一个数字如图 7-10 所示，可以认为它是一个 28×28 的二维矩阵，矩阵中的每个元素用 1 和 0 代表笔迹和空白。

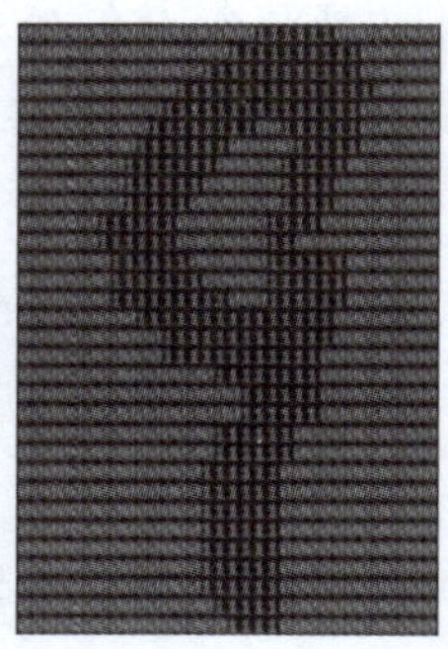

图 7-10 数字的像素图

由于辨认笔记的问题对神经网络复杂程度的要求并不高，为了进一步减少计算量，可以将二维矩阵拉伸变为一维的向量，那么可将 28×28 的二维矩阵拉伸成一个 784 个元素的向量。

这时确定模型的输入是 784×1 的矩阵，输出是 1×10 的矩阵，那么单纯从运算角度考虑一个问题，什么运算能够将 784 个元素的输入向量（784×1 矩阵）变成 10 个元素的向量（10×1 矩阵）？或者说将 784 个元素的输入变为 10 个元素的输出？高中数学中的矩阵乘法规则可以解决这个问题，矩阵的乘法规则是：M 行 C 列的矩阵乘以 C 行 N 列的矩阵，可以得到 M 行 N 列的矩阵。

$$\begin{bmatrix} 1 & 0 & 2 \\ -1 & 3 & 1 \end{bmatrix} \times \begin{bmatrix} 3 & 1 \\ 2 & 1 \\ 1 & 0 \end{bmatrix} = \begin{bmatrix} (1\times3+0\times2+2\times1) & (1\times1+0\times1+2\times0) \\ (-1\times3+3\times2+1\times1) & (-1\times1+3\times1+1\times0) \end{bmatrix} = \begin{bmatrix} 5 & 1 \\ 4 & 2 \end{bmatrix}$$

为了应用这个规律，输入输出向量的形状改变一下，将行列对调（术语称为“转置”），输入向量变为 1×784，输出向量变为 1×10，那么按规则中间的矩阵应该是 784×10。

回过头看公式 7-1，可以发现其中的 $\omega_i x_i - k$ 恰好是矩阵乘法的形式，那么所求神经网络的结构就是 784×10。至此，读者就应该明白网络设计的“诀窍”了。

不过以上是单层网络的设计方式，如果是多层网络则需要反复计算各层网络的矩阵形状。庆幸的是，使用 Keras 架构网络时只需要指定矩阵的输入和输出，Keras 会自动计算各层矩阵的形状。请看以下情况手写数字识别的代码：

```
#coding utf-8

#keras-minist.py
# @soohay 10-20-2019
import numpy as np

from keras.datasets import mnist
from keras.utils import np_utils
from keras.models import Sequential
from keras.layers import Dense, Activation
from keras.optimizers import SGD
import time

np.random.seed(int(time.time()))

# 下载 mnist 数据集 to the path '~/.keras/datasets/'
# 加载数据
(X_train, y_train), (X_test, y_test) = mnist.load_data()

# data pre-processing 数据预处理
```

```
X_train = X_train.reshape(X_train.shape[0], -1) / 255. # 为了简单,都变成一维,normalize
X_test = X_test.reshape(X_test.shape[0], -1) / 255.   # 为了简单,都变成一维,normalize
y_train = np_utils.to_categorical(y_train, num_classes=10) #10 个数字,下同
y_test = np_utils.to_categorical(y_test, num_classes=10)

#顺序模型,除此之外还有任意模型,支持有向环等拓扑
model = Sequential()
#第 1 个全连接层,输出 32 维,输入 784
model.add(Dense(32, input_shape = (784,)))
#用 relu 作为激活函数
model.add(Activation('relu'))
#第 2 个全连接层输出 10
model.add(Dense(10))
#第 3 层使用 softmax 分类
model.add(Activation('softmax'))

#keras 为方便组成网络,对链接矩阵的维度进行了自动计算

#定义一个优化方法
sgd=SGD(lr=0.005, momentum=0.0, decay=0.0, nesterov=False)

#为网络配置优化器和损失函数所使用的目标函数,这里为分类器准备了交叉熵函数
model.compile(optimizer=sgd,
              loss='categorical_crossentropy',
              metrics=['accuracy'])

print('Training ------------')
model.fit(X_train, y_train, epochs=2, batch_size=64)

print('\nTesting ------------')
```

```
51    loss, accuracy = model.evaluate(X_test, y_test)
52
53    print('test loss: ', loss)
54    print('test accuracy: ', accuracy)
```

首先看第 7 行~第 12 行，这里引入 Keras 的工具集和了手写数字的图片数据集 mnist，并在第 18 行加载了数据集。第 21 行和第 22 行完成了将二维图像变成一维的工作，并且将数值均一化以方便训练，之后区分了训练集和测试集。

第 23 行和第 24 行装载了标记数据，并且利用 np_utils.to_categorical 函数将数字转换成了 10 位的独热码。

紧接着程序用第 26 行~第 35 行定义了如图 7-11 所示作用的网络。

```
26    #顺序模型,除此之外还有任意模型,支持有向环等拓扑
27    model = Sequential()
28    #第 1 个全连接层,输出 32 维,输入 784
29    model.add(Dense(32, input_shape = (784,)))
30    #用 relu 作为激活函数
31    model.add(Activation('relu'))
32    #第 2 个全连接层输出 10
33    model.add(Dense(10))
34    #第 2 层使用 softmax 分类
35    model.add(Activation('softmax'))
```

从第 40 行开始仍旧是定义优化器，编译网络，训练模型和测试网络。一般情况下，这个网络的正确率在 87%左右。以下是本程序的部分运行结果示例：

```
Testing ------------

   32/10000 [..............................] - ETA: 7s
 3360/10000 [=========>....................] - ETA: 0s
 7904/10000 [======================>.......] - ETA: 0s
10000/10000 [==============================] - 0s
15us/step
test loss:  0.48488183159828185
test accuracy:  0.876800000667572
```

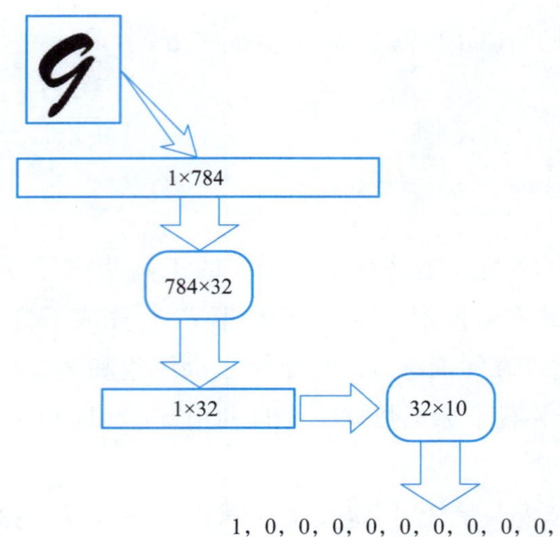

图 7-11 Keras-minist 程序定义的辨认数字网络

对这样一个简单的网络来说，效果还是令人满意的。

当然，也可以继续加深网络，以达到更好的效果，但由于一开始并没有将笔迹的图像作为“二维图像处理”，所以识别正确率提高的程度不会太大。若将笔迹图像作为二维处理，正确率还会提高。但另一个问题又出现了，就是处理图像的计算量太大。而且对多层网络来说，随着图像像素的增大，计算量会成指数趋势的增高，这是个严重的问题。于是，就产生了如何识别图像的问题。

7.5 本章小结 

本章介绍了利用神经网络的人工智能算法。神经网络依据的基本运算是人们早就熟悉的矩阵计算，但是可以使用多种不同的激活形式完成线性或非线性任务。

训练神经网络需要大量的数据，数据集的标记选择其实是非常重要的因素，这也是构建神经网络过程中重要的事。本章使用的“标的物”比较直白，在实际应用中，某元素在上下文的分布概率等都可以作为训练的标的物使用。

为了训练神经网络需要建立损失函数，训练即是找出使损失函数获得最小值的权重（参数）矩阵。为此使用了梯度下降法进行优化工作，所谓梯度下降其实就是求函数每个自变量的导数（斜率），看降低哪个自变量能使损失函数在本次变化中获得更低的函数值。

熟悉了神经网络的原理和训练细节后，可以发现无论想实现什么目标，神经网络的大体结构是相似的，而在训练的细节和超参数的选择方面各不相同。

7.6 本章练习

1. 实践 7.4 节的 Keras-minist 程序，添加 1~2 层隐藏层，并观察准确率结果是否提高。

2. 更换第 1 题的优化器策略以及学习率，观察训练时间的变化。

3. 简述 SGD、BGD、MBGD 的不同。

第8章　至关重要的少数——用卷积网络识别图像和语言

人工智能已被广泛应用于自然语言分析、语音识别、图像识别和分类等领域，深层（深度）神经网络在处理这些问题时获得了较为满意的结果，但是用全连接神经网络组成深层网络是不现实的，因为全连接网络存在计算量激增的缺陷，例如，针对分辨率为1024×1024像素的图像，根据全连接神经网络的原理，对这个图像建立一个连接层就需要1024×1024规模的权值矩阵。也就是说，在一层连接中就要反复调整 2^{20} 个参数，可以想象深层网络中计算量的增长。因此，需要一种能够较大减少计算量的网络构建方法，即本章将介绍的共享权值的卷积网络。

8.1　有关计算机图形的基本知识

学习与素质目标

微课 8-1
卷积网络(1)

计算机上的图像由像素组成，而像素数据一般包括红绿蓝（RGB）颜色分量数据以及亮度和对比度数据，所以图像可以用一个高阶矩阵表达。很多情况下，还需要研究灰度图，即图像的灰度矩阵，用0~255的数值来表达像素点的灰度。例如，在辨认图像中的数字时色彩并不会起到关键作用，而将图像转换为灰度图，可以将原来三维的矩阵转换为二维，以此降低计算时的数据量。将RGB的彩色图转换为灰度图可以用以下公式：

$$H=0.45R+0.225G+0.325B \quad (8-1)$$

灰度图像并不是最简单的图像，在文字辨认等领域，并不关心笔画的浓淡，而只关心有无。那么，把图像化简到非黑即白的方式就是更加简洁的选择。非黑即白的方式被称为“二值化”。可以根据一定阈值，将灰度大于阈值的像素置1，不大于阈值的像素置0，从而得到每个像素值非0即1的图像，称为二值图像。

如今在图像分析和图像的语义以及文字识别等领域，人工智能识别技术发挥的作用令人瞩目。但是使用人工智能技术前还有一些基本的工作需要完成，如去除图像上的“噪点”就是基本且重要的工作。例如，若要辨认图 8-1 中的图像，其中的噪点将增加额外计算量甚至降低识别的准确性，所以应该利用既有的图像处理方法对图像数据进行清洗工作。将图像进行灰度、二值转换就是一些常用的图像处理方法。

微课 8-2
卷积网络(2)

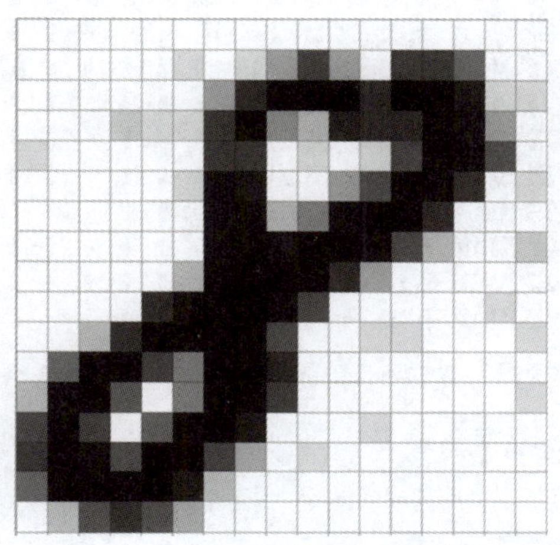
图 8-1 有噪点的图像

图像是“矩阵”，“逐个单一数据”的处理方式不能充分地利用计算资源和“矩阵”计算的规律，对大多数有关“人工智能”的计算问题都会涉及“矩阵计算”，所以本节先介绍利用矩阵计算处理图像的基本内容。

（1）图像的灰度转换

对图像进行灰度转换的程序代码如下：

```
dst=new_im.convert("L")
plt.figure("L")
plt.imshow(dst,cmap='gray')
plt.axis('off')
plt.title('gray image')
plt.show()
```

对图 8-1 进行灰度转换后的结果如图 8-2 所示，转换为灰度之后，还会有不明晰的信息出现，这时可以将其再次二值化。

（2）图像的二值运算

对图像进行二值运算的程序代码如下：

```
  0   0   0   0   0   0   0   0   0   0   0   0   0   0   0   0   0
  0   0   0   0   1  12   0  11  39 137  37   0 152 147  84   0   0
  0   0   1   0   0   0  41 160 250 255 235 162 255 238 206  11  13
  0   0   0  16   9   9 150 251  45  21 184 159 154 255 233  40   0
 10   0   0   0   0   0 145 146   3  10   0  11 124 253 255 107   0
  0   0   3   0   4  15 236 216   0   0  38 109 247 240 169   0  11
  1   0   2   0   0   0 253 253  23  62 224 241 255 164   0   5   0
  6   0   0   4   0   3 252 250 228 255 255 234 112  28   0   2  17
  0   2   1   4   0  21 255 253 251 255 172  31   8   0   1   0   0
  0   0   4   0 163 225 251 255 229 120   0   0   0   0   0  11   0
  0   0  21 162 255 255 254 255 126   6   0  10  14   6   0   0   9
  3  79 242 255 141  66 255 245 189   7   8   0   0   5   0   0   0
 26 221 237  98   0  67 251 255 144   0   8   0   0   7   0   0  11
125 255 141   0  87 244 255 208   3   0   0  13   0   1   0   1   0
145 248 228 116 235 255 141  34   0  11   0   1   0   0   0   1   3
 85 237 253 246 255 210  21   1   0   1   0   0   6   2   4   0   0
  6  23 112 157 114  32   0   0   0   0   2   0   8   0   7   0   0
```

图 8-2 灰度转换后的图像（像素值为 0~255）

```
dst = new_im.convert("1")
plt.figure("1")
plt.imshow(dst,cmap='gray')
plt.axis('off')
plt.title('image')
plt.show()
```

对图 8-1 进行二值化后的结果如图 8-3 所示，可以看到图形中所有像素都用 1 或 0 表达了。

```
0 0 0 0 0 0 0 0 0 0 0 0 0 0 0 0
0 0 0 0 0 0 0 0 0 0 0 0 0 0 0 0
0 0 0 0 0 0 0 0 1 1 1 0 0 0 0 0
0 0 0 0 0 0 0 1 0 0 1 1 0 0 0 0
0 0 0 0 0 0 1 0 0 0 1 0 0 0 0 0
0 0 0 0 0 1 1 0 0 1 0 0 0 0 0 0
0 0 0 0 0 0 1 1 1 1 0 0 0 0 0 0
0 0 0 0 0 0 0 1 0 1 0 0 0 0 0 0
0 0 0 0 0 0 1 0 0 1 1 0 0 0 0 0
0 0 0 0 0 1 0 0 0 0 1 0 0 0 0 0
0 0 0 0 1 0 0 0 0 1 0 0 0 0 0 0
0 0 0 0 1 0 0 0 0 1 0 0 0 0 0 0
0 0 0 1 0 0 0 1 1 0 0 0 0 0 0 0
0 0 0 0 1 1 1 1 0 0 0 0 0 0 0 0
0 0 0 0 0 1 0 0 0 0 0 0 0 0 0 0
0 0 0 0 0 0 0 0 0 0 0 0 0 0 0 0
```

图 8-3 二值化后的图像（像素值为 0 或 1）

8.2 减少规模的秘密在于共享 

在图像矩阵中由于像素数量较大，导致如果用建立全连接矩阵的方法分析图像，将带来巨大的参数调整数量。例如，对于高和宽都是1024像素的矩阵，参数的数量级高达10^{20}，在多层网络中，这个计算量几乎是无法承受的。

如何减少权值矩阵中需要调整的参数个数？方法是构造一个较小的共享权值的矩阵，这就是卷积网络的设计目标，这个“较小的共享权值的矩阵”通常被称为“卷积核”或“滤波器”。将卷积核在图像上移动，将图像与卷积核的重合部分相应位置的元素相乘后逐项累加，相加后的结果作为右边矩阵的一个元素。

具体计算方法如图8-4所示。

	A	B	C	D	E	F	G	H	I	J	K	L	M	N
1														
2		12	75	67	49		0.1	0.2			=B2*G2+C2*H2+B3*G3+C3*H3			
3		43	203	78	99		0.3	0.4			110.9	86.4	64.6	
4		56	123	34	67						40.3	57.5	119.4	
5		23	8	90	189									
6														
7														
8														
9														
10														

图8-4 卷积核的计算

在图8-4中，左侧是一个图像矩阵对应的数字矩阵，中间是卷积核（这里只用一个2×2的卷积核示意），卷积计算的步骤如下：

① $\begin{vmatrix} 12 & 75 \\ 43 & 203 \end{vmatrix}$与$\begin{vmatrix} 0.1 & 0.2 \\ 0.3 & 0.4 \end{vmatrix}$重合，这里进行的卷积运算是$12\times0.1+75\times0.2+43\times0.3+203\times0.4$，其结果是110.3，并将结果放在结果矩阵的相应位置。

② 卷积核在图像矩阵上向右移动，$\begin{vmatrix} 75 & 67 \\ 203 & 78 \end{vmatrix}$与$\begin{vmatrix} 0.1 & 0.2 \\ 0.3 & 0.4 \end{vmatrix}$重合，和上一步一样，进行的卷积计算是$75\times0.1+67\times0.2+203\times0.3+78\times0.4$，其结果是113。

③ 接下来的两步分别是卷积核与$\begin{vmatrix} 67 & 49 \\ 78 & 99 \end{vmatrix}$重合，计算结果是79.5；然后卷积核与$\begin{vmatrix} 43 & 203 \\ 56 & 123 \end{vmatrix}$重合，计算结果是110.9。

④ 经过9次计算后，结果矩阵是$\begin{vmatrix} 110.3 & 113 & 79.5 \\ 110.9 & 86.4 & 64.6 \\ 40.3 & 57.5 & 119.4 \end{vmatrix}$，如图8-5所示。

	A	B	C	D	E	F	G	H	I	J	K	L	M
1													
2		12	75	67	49		0.1	0.2			110.3	113	79.5
3		43	203	78	99		0.3	0.4			110.9	86.4	64.6
4		56	123	34	67						40.3	57.5	119.4
5		23	8	90	189								
6													
7													
8													

图 8-5 卷积核的计算结果

显然，调整卷积核的值就可以获得不同的结果。从计算过程可以看出，若需要对特征矩阵作出调整，只要对卷积核$\begin{vmatrix} 0.1 & 0.2 \\ 0.3 & 0.4 \end{vmatrix}$的 4 个元素作出调整即可，卷积核就是整个网络的共享权值，调整共享权值所产生的计算量比调整全连接的权值矩阵要小。此种卷积模式称为 padding=valid。

卷积网络的其他计算与神经网络相近，但是由于调整卷积核的计算量比全连接网络要小得多，所以卷积网络更容易组成更多层次的深度网络。针对这种应用，应该先进行均一化处理再进行卷积核计算。

可以看出，以上的卷积方式会使图像矩阵的规模缩小，也有保持规模的卷积，只要改变卷积核的移动“轨迹”即可，这种模式称为 padding=same，如图 8-6 所示。注意卷积核的中心位置，此时用了 3×3 的卷积核，图中阴影是卷积核的起止位置。

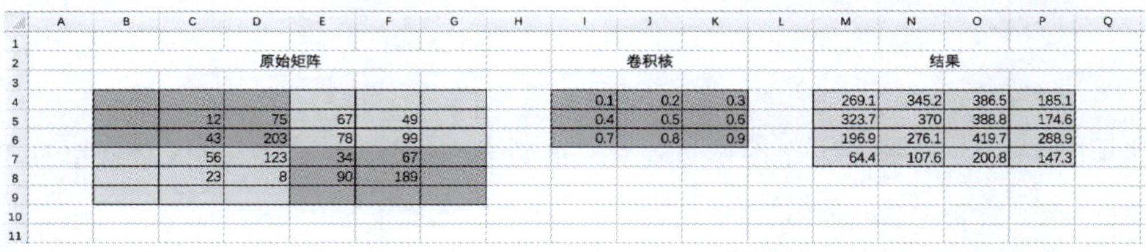

	A	B	C	D	E	F	G	H	I	J	K	L	M	N	O	P	Q
1																	
2				原始矩阵						卷积核				结果			
3																	
4									0.1	0.2	0.3		269.1	345.2	386.5	185.1	
5			12	75	67	49			0.4	0.5	0.6		323.7	370	388.8	174.6	
6			43	203	78	99			0.7	0.8	0.9		196.9	276.1	419.7	288.9	
7			56	123	34	67							64.4	107.6	200.8	147.3	
8			23	8	90	189											
9																	
10																	
11																	

图 8-6 padding=same 模式的卷积

从图中可以看出，经过 16 次计算，结果矩阵是$\begin{vmatrix} 269.1 & 345.2 & 386.5 & 185.1 \\ 323.7 & 370.0 & 388.8 & 174.6 \\ 196.9 & 276.1 & 419.7 & 288.9 \\ 64.9 & 107.6 & 200.8 & 147.3 \end{vmatrix}$，计算时需要在边缘补 0。

8.3 构造特征辨认图像 

微课 8-3
卷积网络(3)

图像的卷积运算结果被称为特征映射（Feature Maps）。可以将特征映射理解为针对某些特征的特定组合。无论怎样的图像，总有一些“特征”，如边缘的形态、轮廓、灰度、颜色、图像特异位置的距离等，如图 8-7 所示。由于卷积运算的特点，这些图像的特征可以被卷积核捕获成特征映射。

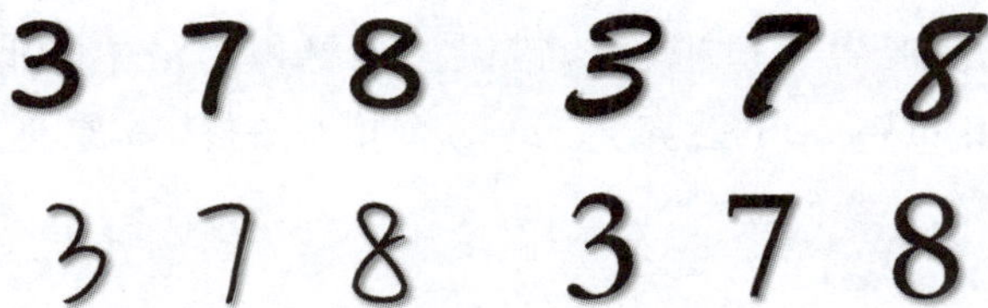

图 8-7 图像的不同特征

如果考虑辨识数字 3、7 和 8，从图像的结构考虑，数字 3 的轮廓是中断的，7 没有闭合，而数字 8 的轮廓是连续的。那么，直观地考虑一下，若有如图 8-8 所示的两个卷积核，针对数字 3、7 和 8 的二值图像的矩阵做卷积运算，由于“先乘后加”的运算规则，就会对某些位置的“连续”以及不连续得到不一样的特征映射。之后再用神经网络分辨这两类“特征映射”，将可以利用特征映射完成分类。

图 8-8 利用不同卷积核对特征“捕获”

总结：进行图像识别的卷积网络一般结构，如图 8-9 所示。首先针对输入图像，在每个层级优化多个卷积核，得出该层级的一组特征映射 1，之后再针对特征映射 1 优化卷积核得到特征映射 2，如此往复，在特征映射 i 的后面将卷积网络转换成全连接后再连接 softmax 等分类器，形成卷积识别网络。

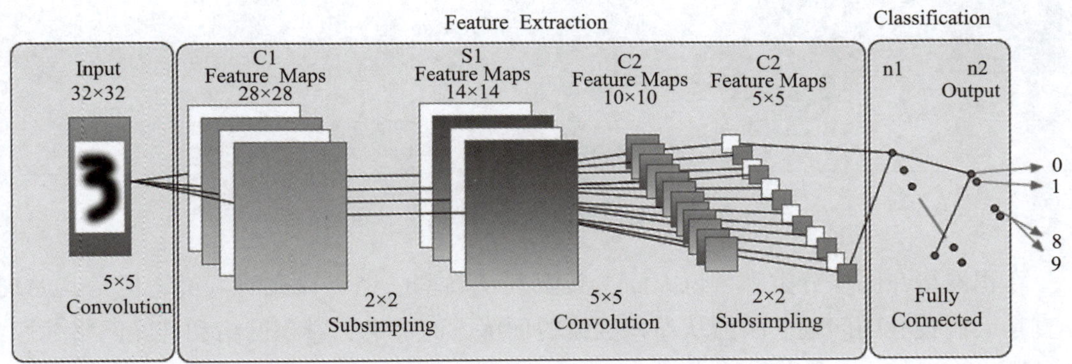

图 8-9 卷积网络的一般结构

图像识别需要较大的冗余性，例如图 8-7 中的数字 3、7 和 8 有各种不同的形态，对算法而言针对不同形态都需要正确辨认，但是用于训练算法的数据并不能穷尽所有形态。另外，针对图 8-10 所示的这种局部笔画缺失的情况，训练过程中也不能完全穷尽，这时就容易产生“过拟合”错误。在卷积网络中降低过拟合的优先措施有 pooling（池化）和 dropout（丢弃）。这两个措施的基本原理都是减低特征的特异性。

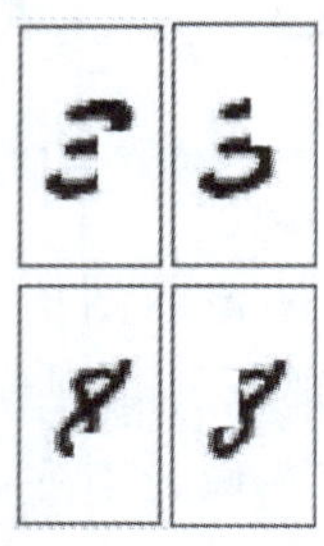

图 8-10 局部笔画缺失情况

对 pooling 而言，就是按照卷积计算的方式在特征映射矩阵上，利用区域的“平均值”或“极值”填充该区域。常用的池化方法包括 averaypooling（平均池化）和 max-pooling（极大值池化）。

而 dropout 方法则是将已经形成的特征映射随机指定一定比例丢弃。虽然丢弃了一定比例的特征，但事物都要辩证看待，丢弃已有特征映射再训练，相当于增加了“样本种类”，显然有助于降低过拟合风险，如图 8-11 所示。

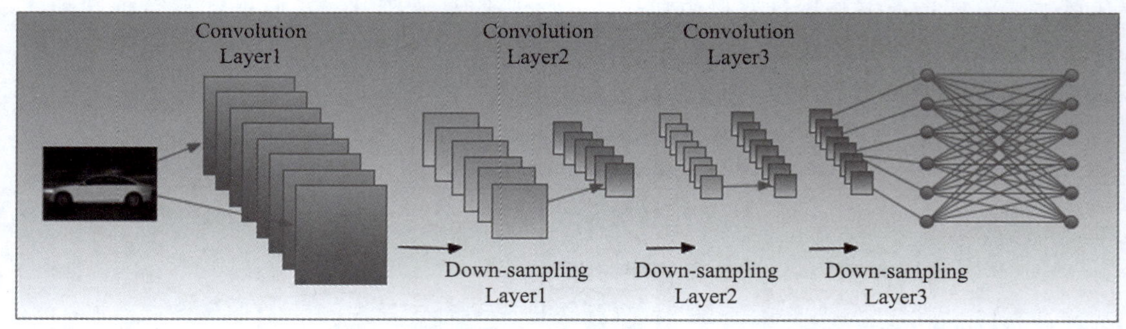

图 8-11 加入池化和 dropout 环节的多层卷积网络

卷积网络在图像分类和辨识方面，其识别正确率已经可以比肩人类，但是其原理一直是人们关心的问题。因为从卷积网络的训练方面考虑，卷积网络和神经网络一样，都是通过已经标定的数据优化权值矩阵的算法，这类算法是个“黑盒子”，并没有明确的原理。黑盒算法会带来一定的不确定性，例如以下应用。

假设一个环保组织需要在人们所拍摄的照片中分辨并统计雪豹和猎豹的数量。图 8-12 分别是自然生态中的雪豹和猎豹。一般而言，雪豹生活于高原山地，而猎豹生活于草原丛林。那么，可以做个有趣的想象，经过训练后的人工智能到底从各种豹子的图片素材中学到了什么？AI 是真的分辨了雪豹和猎豹吗？在黑盒情况下，人工智能系统有可能并没有按要求“学习”，甚至错误地学习分辨了丛林草地和高原山地。其实，这种乌龙事件在真实世界中已经发生过，所以应用“黑盒”类的人工智能算法在数据选取、训练和使用方面要更加慎重。

(a) 雪豹

(b) 猎豹

图 8-12　自然生态中的雪豹和猎豹

为了揭示卷积网络的原理，研究者们做了很多工作，其中“特征可视化”解释了卷积网络的一般规律，并在提高训练效率，判断算法正确性方面起到了重要的作用。

“特征可视化”，顾名思义，就是想看看卷积核到底找到了什么特征？“逆卷积网络”是应用比较广泛的“特征可视化”方法，其流程如图 8-13 所示。

微课 8-4
卷积网络(4)

① 修改传统的池化方法，以 maxpooling 为例，在池化的同时，记录最大值的位置。

② 选取卷积运算后的一个特征映射，同时忽略同层其他卷积核所得到的特征映射。

③ 利用步骤①的记录完成逆池化过程，即将所记录的最大值位置上的值保留，其他位置全部置 0。

④ 用 relu 规则处理步骤③的结果，并利用转置的卷积核（矩阵转置）做卷积运算，从而获得特征矩阵。为了更好地可视化并找到“关键的特征”，会利用最大激活的 N 个特征拼接“特征图像”。

图 8-14 为特征可视化之后的结果。其中，带红色方框的是原始图像；右上角 8 行 8 列的图像是特征可视化的结果。可以发现，原始图像的不同位置可以被看作不同特

征的线性组合。

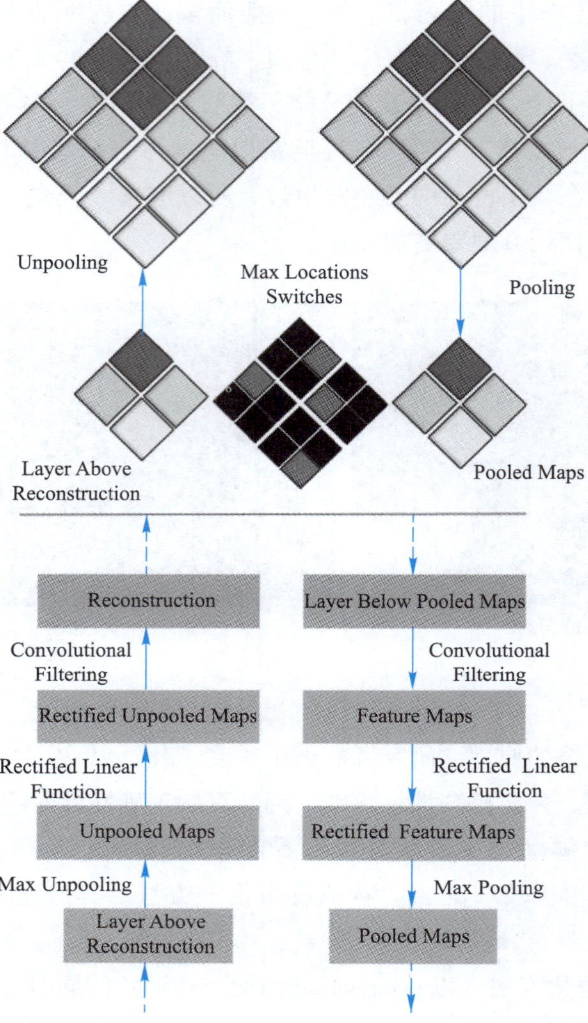

图 8-13 逆卷积获得特征图像

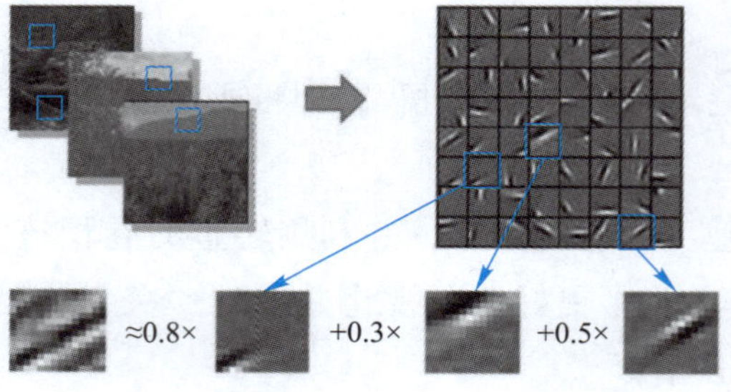

图 8-14 图像和特征图像

在提高卷积网络效率方面，特征可视化也会发挥作用。例如，观察图 8-15 中的特征可视化结果，可以发现其中的框出部分只有均匀的灰色，并没有产生有用的特征，那么该部分对应的权值矩阵就应该是可以优化或去除的部分。这样就可以有针对性地优化卷积网络了。

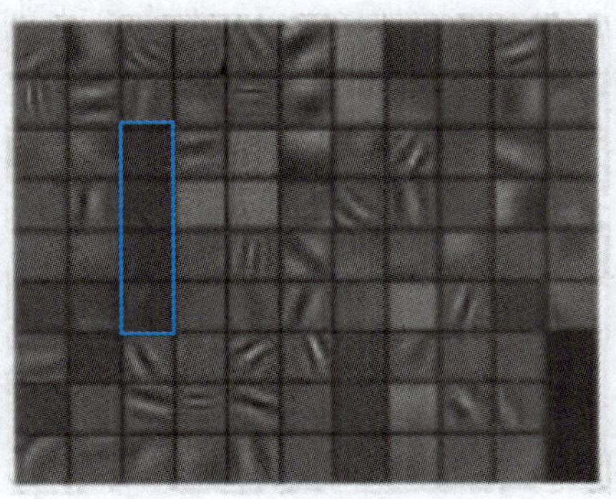

图 8-15 不活跃的特征

微课 8-5
卷积网络(5)

8.4 利用卷积网络进行图像识别实战

本节将根据构造特征辨认图像原理完成卷积识别数字的任务。程序代码如下：

```
1    import numpy as np
2    import time
3
4    from keras.datasets import mnist
5    from keras.utils import np_utils
6    from keras.models import Sequential
7    from keras.layers import Dense, Activation, Convolution2D, MaxPooling2D, Flatten
8    from keras.optimizers import Adam
9
10
```

第 1~8 行引入了工程需要的程序包。

```
11 np.random.seed(int(time.time()))
12
13 # 下载 mnist 数据集 to the path '~/.keras/datasets/'
14 # 加载数据
15 (X_train, y_train), (X_test, y_test) = mnist.load_data()
16
17 # data pre-processing 数据预处理
18
19 X_train = X_train.reshape(-1, 28, 28, 1)/255.
20 X_test = X_test.reshape(-1, 28, 28, 1)/255.
21 y_train = np_utils.to_categorical(y_train, num_classes=10)
22 y_test = np_utils.to_categorical(y_test, num_classes=10)
23
```

第 14 行~第 22 行是准备数据。其中，第 19 行和第 20 行对数据进行归一化处理，且用 reshape 函数定义了图像的高和宽皆为 28，之后，第 21 行和第 22 行利用 np_utils.to_categorical 生成独热码。

```
24 #顺序模型,除此之外还有任意模型,支持有向环等非顺序拓扑
25 model = Sequential()
26 # 第 1 卷积层 output shape (32, 28, 28) 32 个卷积核,same 方式,由于使用 tensorflow backend 所以 dataformat 都为 channels last
27 model.add (Convolution2D(
28     batch_input_shape=(None, 28, 28, 1),
29     filters=32,          #滤波器 数量
30     kernel_size=5,       #卷积核大小
31     strides=1,           #移动步长
32     padding='same',      # Padding method
33     data_format='channels_last',
34 ))
35 #relu 激活
36 model.add(Activation('relu'))
37
```

第 25 行~第 37 行完成第 1 个卷积层的设置，其中有 32 个 5×5 的滤波器，并且规

定移动步长为 1，此时生成的结果与输入具有相同的形状，因为 padding 参数的设置为 padding='same'。

```
38  #池化 max 输出的大小 (32, 14, 14)
39  model.add(MaxPooling2D(
40      pool_size=2,
41      strides=2,
42      padding='same',     # Padding method
43      data_format='channels_last',
44  ))
45
```

第 38 行~第 44 行对第一层卷积的结果进行池化，如前所述，池化工作可以减少过拟合。第 40 行~第 42 行的参数设置，表达了在 2×2 的区域中以 max 方式池化，并且以间隔 2 的路径移动，所以即使 padding 为 same，也依旧缩小了数据帧的规模。由此可知，本次池化的输出宽度为 14。

```
46  # 由于上一层池化输出宽度是 14,所以本卷积层的输入也将是(14, 14),本次使用 64 个滤波器
47  model.add(Convolution2D(64, 7, strides=1, padding='same', data_format='channels_last'))
48  model.add(Activation('relu'))
49
```

第 47 行用精简的定义完成第 2 个卷积层的设置，其中有 64 个 7×7 的滤波器。通过 padding 的设置结合本层的输入，能够推断本层的输出形状依旧为(14, 14)。

```
50  # 第二层卷积的池化,最大池化,所以 output shape (64, 7, 7)
51  model.add(MaxPooling2D(2, 2, 'same',
    data_format='channels_last'))
52
53
```

进行第二层卷积和池化。池化后数据帧的大小只剩 7×7 了。

```
54  # 用于全集展开的全连接层
```

```
55  model.add(Flatten())
56  model.add(Dense(512))
57  model.add(Activation('relu'))
58
59  # 第 2 个全连接层 使用 softmax 激活函数 用于分类
60  model.add(Dense(10))
61  model.add(Activation('softmax'))
62
```

在第 53 行完成第二次池化后，本案例的卷积部分就完成了。第 54 行和第 57 行用全连接回归普通的神经网络，并在第 60 行和第 61 行接驳了第 2 个全连接网络，使用 softmax 完成分类。

```
63  # 使用 adam optimizer
64  adam = Adam(lr=1e-4)
65
66
67  #为网络配置优化器和损失函数所使用的目标函数,这里是交叉熵函数
68  model.compile(optimizer=adam,
69                loss='categorical_crossentropy',
70                metrics=['accuracy'])
71
72  print('Training ------------')
73  model.fit(X_train, y_train, epochs=2, batch_size=64)
74
75  print('\nTesting ------------')
76  loss, accuracy = model.evaluate(X_test, y_test)
77
78  print('test loss: ', loss)
79  print('test accuracy: ', accuracy)
```

第 64 行设置了优化器，至第 79 行完成网络的编译，运行整个网络，并进行测试。Adam 优化器的优势在于可以自动调整“学习率”。

程序测试部分输出如下：

```
Testing ------------

   32/10000 [..............................] - ETA: 10s
  832/10000 [=>............................] - ETA: 0s
 1504/10000 [===>..........................] - ETA: 0s
 2368/10000 [======>.......................] - ETA: 0s
 3424/10000 [=========>....................] - ETA: 0s
 4512/10000 [============>.................] - ETA: 0s
 5440/10000 [===============>..............] - ETA: 0s
 6336/10000 [==================>...........] - ETA: 0s
 7392/10000 [=====================>........] - ETA: 0s
 8480/10000 [========================>.....] - ETA: 0s
 9440/10000 [===========================>..] - ETA: 0s
10000/10000 [==============================] - 1s 58us/step
test loss:  0.15536634110957384
test accuracy:  0.9563000202178955
```

该结果表明该网络对手写数字的辨认能力为 95.6%，大大超过第 7 章的普通神经网络。

卷积网络在图像识别方面的性能不断提高，除了图像分类之外，在人脸识别、动作识别等方面都有比较成熟的应用。在本书的配套资源中，提供了尝试利用已有的程序接口完成一个手势识别的应用。但是可以看见，除了数据准备过程和图像尺寸所导致的矩阵尺寸不同，在模型的整体架构上并没有原理的不同。

8.5 利用卷积网络分析论坛留言的情绪

自然语言处理（NLP）也是卷积网络可以发挥优势的地方。同图像应用不同，语言应用需要一些特殊的步骤。本节通过构建一个简单的网络留言情绪分析应用，探究人工智能在语言分析中的应用。本节所使用的卷积网络是著名的 TextCNN 结构，这是一种具有代表性的结构，在文本分类方面取得了较好的效果，如图 8-16 所示。

针对语言的人工智能应用，大致包括分词、数字化表达、组成网络和算法几个应用环节。

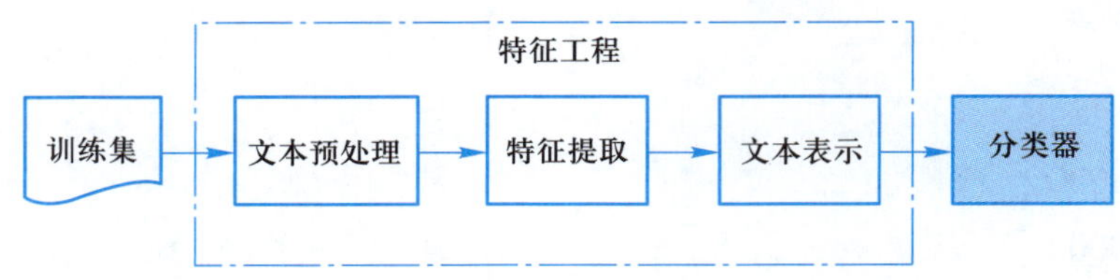

图 8-16 NLP 应用的环节

对语言应用而言，分词是关键的第一步。分词就是将一段文词分割成一个个单词，如“The box is red ”将被分割成“The”“box”“is”和“red”4 个单词。英文由于有空格的自然分隔，所以分词比较容易。但是对中文而言，分词比较复杂，例如“人工智能是一门科学”这句话显然分割成“人工智能，是，一门，科学”比较合适，而分割成“人工，智能，是，一门，科学”则显然不符合语法规律。对中文分词还有许多特殊的情况，如对于“乒乓球拍卖完了”这句话，“乒乓球，拍卖，完了”与“乒乓球拍，卖完，了”这两种分法的意思迥异。由此可见，分词是一个需要特别斟酌的过程，因为它对将来的算法应用起到基础性的作用。准确的分词工具一般都建立在大型语料库的基础上，如何建构分词工具并不是本节的重点，这里只介绍如何利用分词工具。

例如，利用 jieba 分词包完成分词任务。程序代码如下：

```
import jieba
ls_seg = jieba.cut("人工智能是一门科学", cut_all=False)
print("jieba 分词结果：" + " | ".join(ls_seg))
```

jieba 分词结果如下：

人工智能 | 是 | 一门 | 科学

可以看到，jieba 分词按照规范的理解方式完成了分词任务。也可以设置“完全模式”，jieba 分词工具将提供在自身词库中所有已知的分词方式。代码如下：

```
ls_seg_01 = jieba.cut("人工智能是一门科学", cut_all=True)
print("jieba 分词结果：" + " | ".join(ls_seg_01))
```

jieba 分词结果如下：

人工 | 人工智能 | 智能 | 是 | 一门 | 门科 | 科学

使用分词工具完成分词任务后，并不能马上进行下面的任务，为了得到有效的词汇，还需要经过去停用词环节。该环节是去掉无意义的词语或符号，如汉语中的“也”、英语中的“is”或者标点符号等起连接作用的词。经过预处理过程后就可以把原来的中文句子转化为有效词汇的集合。

接下来需要将语句进行数字化表达。简单的数字化可以利用一个字典，将语句中的词语换成字典词汇表中词汇的索引。但是由于数字间有数量关系，而词语不应有这种关系，所以要注意的是这些索引应该用“独热码”表达，这就让每个词所使用的维度将与词典的总词汇量相等。也就是说，若词典中有 10000 个词汇，那么每个词汇的 onehot 码将是 10000 维，每个词汇只有 1 个“1”，其他都为“0”，如果每行代表一个词汇，那么一个语句分词后形成的矩阵形如：

0,1,0,0,0,0,0,0,0,0,0…

0,0,0,0,1,0,0,0,0,0,0…

0,0,0,0,0,0,0,0,1,0,0…

1,0,0,0,0,0,0,0,0,0,0…

0,0,0,0,0,0,0,1,0,0,0…

0,0,1,0,0,0,0,0,0,0,0…

…

可以看出该矩阵“稀疏”的特性。这种含有大量 0 的矩阵称为“稀疏矩阵”，从效率上考虑“稀疏矩阵”当然不占优势。另外，用词典索引的方法虽然简单，但是不能体现“同义词”“近义词”等语言问题，从后期计算和识别效果等方面考虑，当然希望“同义词”“近义词”在较为邻近的区域。

综合以上两个问题，希望有一个维度小且能在一定程度上表达词义的非稀疏方法将词汇数字化，因此研究了一种 Word Embedding 技术来解决这个问题，并作为网络的第一层。

Word Embedding 的目标是将那种稀疏的、不连续的、无关的词汇表达方式变成一种不稀疏、能连续的、局部有相关性的表达方式。因为，从直观理解，语言、图像都是连续的有关的信息。首先考虑，在语句相同位置出现的词语相似性和互换性比较大。例如，分析“我来自北京”“你来自广州”等语句，就可以知道“北京”与“广州”、“你”和“我”都是“可以相互替代”的词汇。从以前的学习中考虑另外一个思路，如果针对大量语言样本，考查“北京”和“广州”等地名在“来自”这个词汇后面的概率，应该发现其概率大致相等。那么可以根据词汇相对位置的概率来表征（数字化）词汇的含义。这种概率的因素在语言中是常见的。例如，当人们看见“忐忑”这个词猜测下文时，大概率会猜“不安”。那么就可以收集大量的文章建立“语料库”，把文章中的所有词列成词汇表，设定维度，通过训练将词汇用各个维度的值表达，从而形成一个词汇向量，这种方法称为 Word2Vec。举个简单的例子，若只考虑二维向量，就是把词汇分布在一个平面上，如图 8-17 所示。

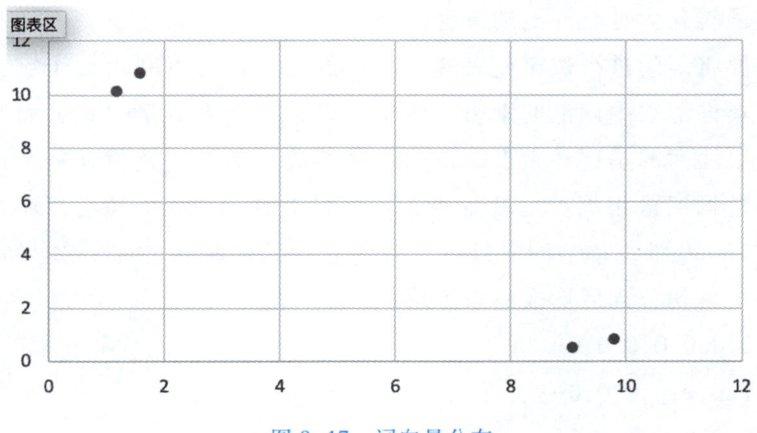

图 8-17 词向量分布

在图 8-17 中，用 4 个向量表达了 4 个词汇：男老师[9.8,0.8]、女老师[9.2,0.5]、男人[1.2,10.1]、女人[1.6,10.8]。

可以这样理解，男老师与女老师是有共性的词汇，它们处于邻近区域，而且这两个词汇的差异基本等于“男人”和“女人”这两个词汇之间的差异。如此，词汇的向量就利用向量计算特性表达了“意义”。

二维坐标只是较低的维度，所容纳的词汇有限。可以想象，如果构造一个数百维的空间，就能容纳较多词汇，而近义的词汇将在这个空间中处于相近的区域。

常用的 Word2Vec 方法有 CBOW 和 Skip-Gram，如图 8-18 所示。CBOW 方法的模型输出上下文相关的词所对应的词向量，即通过上下文猜词，训练的标的物就是词汇向量本身；Skip-Gram 方法也要找出词汇的向量，但是该方法的训练“标的物”是上下文。

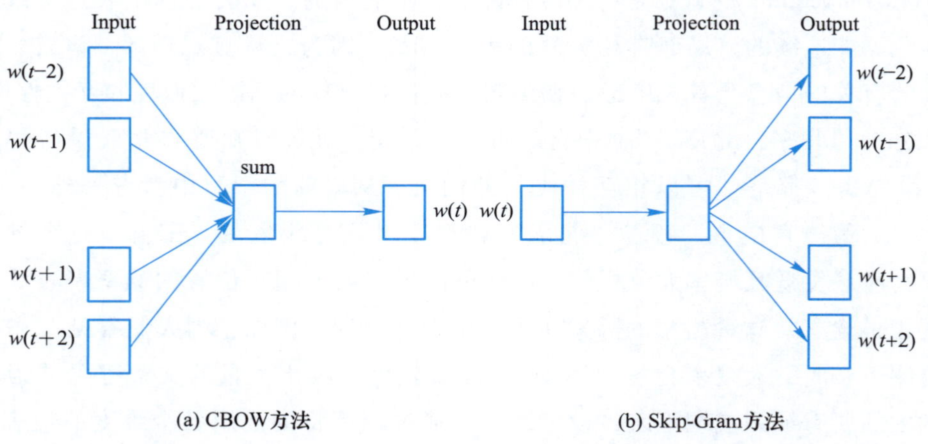

图 8-18 Word2Vec 的两种方法

利用 Word Embeding 完成词汇数字化之后，就可以将一句话完整地数字化了，由于每个词语都是一个向量，所以数字化之后的句子看起来与二维矩阵一样，但实际上由于词汇的特殊性，在二维方向对词向量做“卷积核移动”的计算没有意义，对于句子来说，做一维的单方向移动就可以了。那么，此时做卷积计算时的卷积核宽度需要与词语向量维度一致。

例如，图 8-19 中的句子是“这部电影唤起了我童年的记忆”。利用 jieba 分词，代码如下：

```
seg_list = jieba.cut("这部电影唤起了我童年的记忆",cut_all=False)
print("jieba 分词结果：" + " | ".join(seg_list))
```

jieba 分词结果如下：

这部 | 电影 | 唤起 | 了 | 我 | 童年 | 的 | 记忆

针对分词结果，去除常用词“了”“的”之后，经过 Word2Vec 以后，将“这部”“电影”“唤起”“我”“童年”“记忆”这些词组被向量化，为了容易理解，这些词组仅采用 5 维向量表达。图 8-19（a）为语句数字化后的向量，图 8-19（b）为 2×5 矩阵为卷积核，图 8-19（c）为卷积：

$$Rcv = B2\times H2+C2\times I2+D2\times J2+E2\times K2+F2\times L2 \\ +B3\times H3+C3\times I3+D3\times J3+E3\times K3+F3\times L3$$

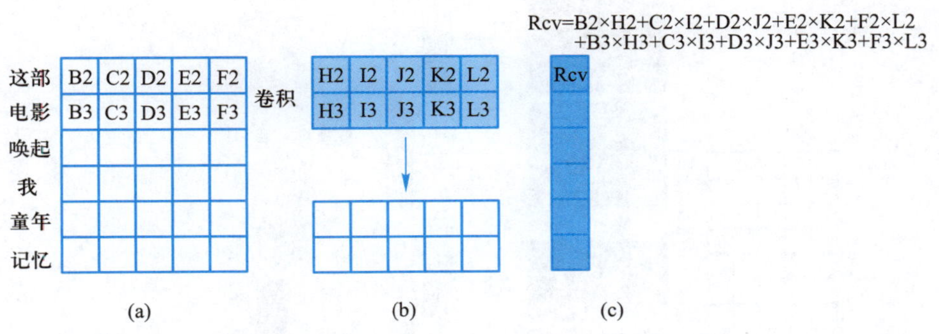

图 8-19 对词向量做“卷积核移动”的示意图

同样，可以通过 Excel 完成这个卷积计算，结果得 3.21，向下移动后，得 0.53，如图 8-20 和图 8-21 所示。

当一次卷积完成后将进行一次池化（这里用 max 池化），如图 8-21 中的 4.20。将相同大小的每一个池化的结果先拼接在一起，再把各类卷积核运算结果的池化结果都拼接在一起，此时，该层的长度与卷积核的个数相等。这时数据量大大减少，可以接驳全连接层以及 softmax 网络完成情绪类型分类工作，其拓扑图如图 8-22 所示。

LN =J6*P6+K6*Q6+L6*R6+M6*S6+N6*T6+J7*P7+K7+Q7+L7*R7+M7*S7+N7*T7

	J	K	L	M	N	O	P	Q	R	S	T	U	V
6	0.60	0.90	0.77	0.12	0.45		0.56	0.78	0.94	0.95	0.53		=J6*P6+K6*Q6+L6*R6+M6*S6+N6*T6+J7*P7+K7+Q7+L7*R7+M7*S7+N7*T7
7	0.10	0.79	0.21	0.85	0.59		0.89	0.63	0.16	0.62	0.14		
8	0.23	0.06	0.21	0.26	0.79								
9	0.77	0.40	0.60	0.22	0.47								
10	0.93	0.12	0.93	0.72	0.12								
11	0.32	0.27	0.53	0.35	0.61								

图 8-20 语句的词向量矩阵的卷积计算分解步骤

	A	B	C	D	E	F	G	H	I	J	K	L	M	N	O
2	这部	0.15	0.52	0.89	0.45	0.43		0.42	0.77	0.39	0.03	0.90		3.01	
3	电影	0.85	0.58	0.24	0.29	0.56		0.96	0.80	0.54	0.38	0.48		2.42	
4	唤起	0.62	0.07	0.38	0.10	0.22								3.15	4.20
5	我	0.97	0.88	0.35	0.87	0.66								4.20	
6	童年	0.92	0.81	0.52	0.99	0.35								3.69	
7	记忆	0.58	0.88	0.28	0.74	0.88									

图 8-21 语句词向量矩阵的卷积计算结果

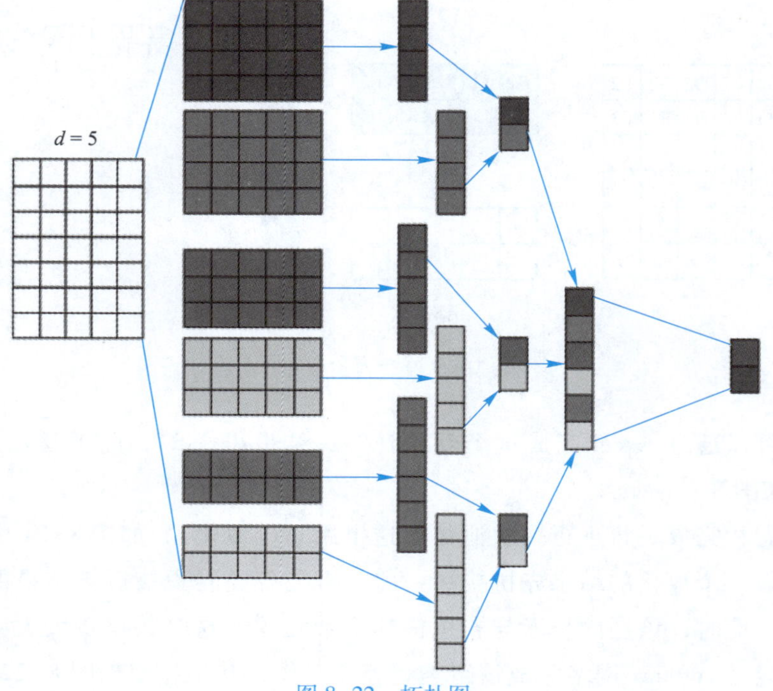

图 8-22 拓扑图

本案例的完整代码较长，读者可自行在本书的配套资源文件中查看。如果能够在案例基础上加大数据集，并引用较深的网络结构，将会获得较好效果。

8.6 本章小结

本章介绍了卷积网络在图像和自然语言处理方面的应用，从二维图像的卷积到词向量的卷积甚至延伸至三维以上空间的卷积，卷积的基本方式都是卷积核与指定区域做对应的乘积求和运算，然后按指定方式移动完成整个区域的运算。为了避免过拟合，通常会利用保留最大值或取平均值的方式进行“池化”运算。在若干卷积层后面，利用全连接层将网络整理和恢复成普通神经网络，再利用 softmax 网络进行分类等工作。

卷积网络擅长抓取局部的特点，而且由于卷积核较小，所产生的优化计算量远远低于全连接网络，所以容易在多层网络中使用，易于搭建更深层次的网络，达到更高精度的应用。另外，在应用过程中，也新发展了很多策略，形成了许多有特色的网络应用，如 RNN、LSTM 等。当前这些网络的主要思想是在可接受的计算量条件下，形成更多层次的网络。因为当前的实验表明，在相同节点数的情况下，合理的多层级网络比每层节点数较多而层级较少的网络表现更好。但是，无论是哪种网络应用，其基本框架和训练模式都遵循相似的模式，只要大胆科学实践总能得到较为满意的成效。

8.7 本章练习

1. 打开本章配套资源中的图像，完成图像的灰度和二值化练习。
2. 实践本章的辨识数字案例。
3. 设法提高本章辨识数字案例的准确度至 97%以上。
4. 打开本章配套资源中的“剪刀、锤子、布”图像集，构造并训练一个卷积网络模型对 3 种手势进行辨识。
5. 实践本章的 NLP 项目，利用该项目构造并训练一个垃圾邮件的分类器。

第9章　能吸取经验的机器——用强化学习完成智能化

人工智能在社会生活中的应用越来越多，AlphaGo、Alphazen 等 AI 应用也有了很多打破人们想象的表现，近期的无人控制地铁、无人控制送货车以及自动驾驶等层出不穷的应用更是不断冲击人们的认知，而这些应用都有一个“自动”的概念。“自动执行”并不是个新概念，但是从前的自动执行是在环境相对固定的形势下对固定刺激作出的固定反应，而人工智能应用在复杂多变的环境中也能够趋利避害，对外界应激作出反应，自我总结规律并最终完成任务。这类人工智能应用属于人工智能中的强化学习范畴。本章尝试通过构建简单的强化学习实例了解“AlphaGo 类”的玄机。

9.1　强化学习的一般原理

学习与素质目标

强化学习（Reinforcement Learning，RL）又称为再励学习、评价学习或增强学习，是人工智能范畴中机器学习的一种范式和方法论。这种范式用于描述和解决智能系统在与环境的交互过程中通过学习策略以达成回报最大化或实现特定目标的问题。强化学习区别于自动化系统的特定刺激特定反应，强化学习的环境刺激可以是多样的，而应对策略是由系统针对刺激学习得来，而不是预先设计，这就有了“智能”的意味。

例如，市面上的扫地机器人，它不能预料工作环境的墙壁和家具（对机器人来说是障碍物）位置，那么它需要能够适应不同的居室环境，还需要将不被家具占据的地板统统打扫干净，最好还能规划出最省电的路径。那么，不能够自我学习的系统，显然不能很好地胜任这种灵活的应用。这时，强化学习系统就登场了。

现在考虑一个简单的应用情形：模拟地图如图 9-1 所示，S 代表出发点，T 代表目标，图中阴影色块表达禁入点。那么，如何开发一个智能算法使“圆形”图标从 S 点越过禁入点顺利到达 T 点呢？关键是能够适应不同的“地图”。

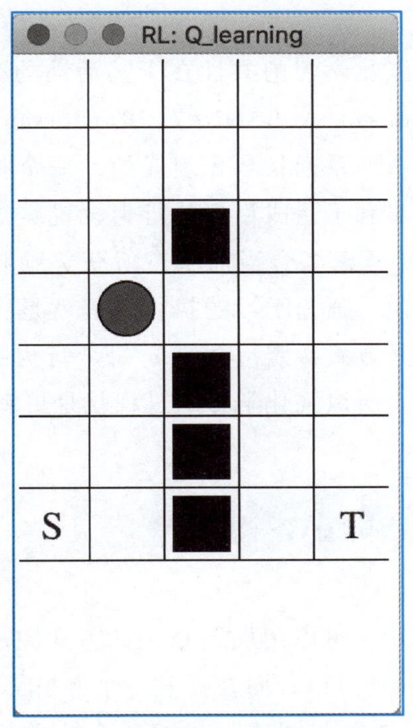

图 9-1 利用强化学习穿越障碍的案例

本页彩图

在真实的应用中，当图中的位置有多步骤可以选择时，选择走到下一个状态 s′（如 T 为止）与上一个状态 s 有关，还与上上个状态，以及上上上个状态有关。这会导致算法模型非常复杂，甚至复杂到难以建模。为了解决这个问题，不得不提到一位俄罗斯数学家马尔可夫，他提出了一个决策思路，可以对类似模型进行简化。简化的方法就是假设状态转换的马尔可夫性，也就是假设转换到下一个状态 s′的概率仅与上一个状态 s 有关，与之前的状态无关。这就意味着考虑和修正当前需要采取的步骤就好。

那么，怎么考虑和修正当前需要采取的步骤呢？其策略当然是趋利避害，但是什么是利，什么是害，到底有多大的利害，在现实生活中只是人的一种感觉而已。举个例子，人们来到十字路口，过不过马路呢，看看红绿灯——红灯行进会被“罚”，而“绿灯”行进被鼓励。如果某人总是走某条有多个红绿灯的路，老司机们甚至会考虑通过某路口时遇到红灯要排到前面，以获得余下路段尽量少遇到红灯的通行效果。这说明在现实生活中，采取的步骤是由当时的反馈和趋势的反馈两部分组合而成的，这两部分需要统筹考虑才能提出最优策略。另一位数学家贝尔曼提出了一个方程可以将这个奖励量化出来，称为贝尔曼方程：

$$V_{\pi}(s)=E_{\pi}(R_{t+1}+\gamma v_{\pi}(S_{t+1})\mid S_t=s) \tag{9-1}$$

这个方程说明，一个状态的价值由该状态的奖励以及后续状态的价值按一定的衰减比例组合而成。

综上所述，可以发现，强化学习的共性在于其活动的存在状态、行为、回报、奖励 4 个概念，分别用 S（Status）、A（Active）、R（Reward）、Q（Quality）表达。直观的描述就是，一个过程是由一系列状态 S 组成的，每个状态都可以采取一组行为使得系统变成另一种状态，可对利于达成目标的行为设置奖励（反之设置惩罚，惩罚可以被看作负的奖励），奖励要考虑综合当前状态所获奖励和趋势的奖励，奖励值可应用贝尔曼方程算出。简单地说，强化学习的执行过程就是在转换状态时采用能获得最大奖励的行为，并使用贝尔曼方式认定（更新）每个行为的奖励。由于在开始阶段并不能确定采取行为的奖励值，所以强化学习的过程就是更新奖励值的过程。

9.2 利用 Q 表完成强化学习

简单的应用如图 9-1 所示，可以用规划 Q 表的方式完成强化学习。在图 9-1 中的状态（S）可以是图中任意一个方格，而在任意一个方格都可以进行上、下、左、右 4 个行为（A），只是要保证图中的“圆球”能够到达目标点（T），而不进入阴影区域表示的“禁入点”，如图 9-2 所示。如何学习到合理的路线呢？

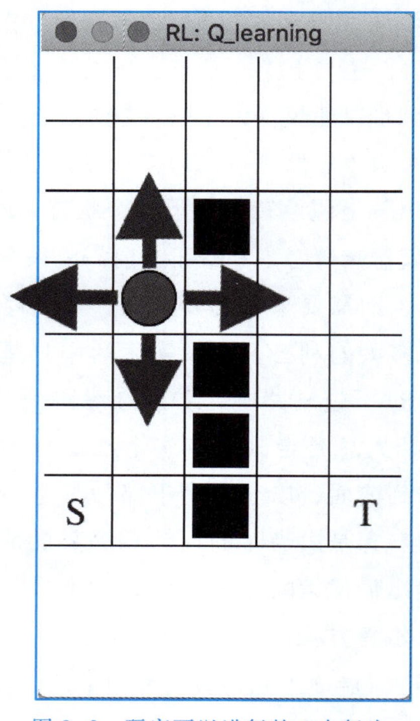

图 9-2 玩家可以进行的 4 个行为

本页彩图

可以这样做，首先列出行进中遇到的状态，每个状态都可以有 a_1、a_2、a_3、a_4 这 4 个行为，如图 9-3 所示。

	a_1	a_2	a_3	a_4
s_1	$Q(1,1)$	$Q(1,2)$	$Q(1,3)$	$Q(1,4)$
s_2	$Q(2,1)$	$Q(2,2)$	$Q(2,3)$	$Q(2,4)$
s_3	$Q(3,1)$	$Q(3,2)$	$Q(3,3)$	$Q(3,4)$
s_4	$Q(4,1)$	$Q(4,2)$	$Q(4,3)$	$Q(4,4)$

图 9-3 状态与行为的对应

表格用于表达每种状态下进行各种行为的奖励，现在需要有一个策略，设置和更新表中的奖励值，当完成更新后就可以选择奖励值最大的路径了。

第 1 步：预设奖励值。达到目标 T 的奖励值当然应该最大，如 100；对于禁入点可以设置负的奖励值，如-100，且将进入禁入点设为重新开始的条件；对于其他的点可以先赋初始值 0。当然，没有必要形成一张物理的 Q 表，而只用代码表达奖励的策略，以简化求解过程。

第 2 步：设置更新奖励值的策略。总的策略是，对任意一个状态 s_i 的每个行为会预设奖励值 Q_i，处于 s_i 阶段时，针对的下一个状态应该是能获得奖励最大的状态 s_{i+1}，事实上并不采取任何行为，而是考查在 s_{i+1} 上采取何种行为能获得最大的 $Q_{\max}$ 值（用 $\max(Q)$ 的方式取得），将此 $Q_{\max}$ 乘以衰减值 γ 并加上到达 S_{i+1} 时所获取的奖励 r，将这个作为实际值，这时分别获得了现实和估计值。此时，按马尔可夫决策原理，利用贝尔曼公式，则可用下式求得：

$$Q(s_i,a_i) \leftarrow Q(s_i,a_i)+\alpha[r+\gamma \max a_{i+1} Q(s_{i+1},a_{i+1})-Q(s_i,a_i)] \tag{9-2}$$

第 3 步：进行路径探索。将第 2 步放入迭代过程，迭代的中断条件是“直至移动到终点为止”，这样在一次迭代中，由于奖励值设置的不同，且行为趋向于最大奖励值，系统终将更新出一个可以到达终点的 Q 表，但是这个 Q 表并不是最优，例如它会指引系统在某些路径中反复。于是学习过程的第 4 步就是训练优化，具体做法是将第 3 步的过程进行若干次迭代，由于 s_i 状态的奖励依据 s_{i+1} 状态，而这时的 Q 表已经形成通路，所以此时可以逐步优化 Q 表以形成最佳的路径，其过程与“冒泡法”排序相似。

其程序代码如下：

```
"""
Q learning Maze code
"""

import numpy as np
```

```
import pandas as pd


class QLearningTable:
    def __init__(self, actions, learning_rate = 0. 0, reward_decay = 0. 9, e_greedy = 0. 9):
        self. actions = actions  # 行为集合
        self. lr = learning_rate
        self. gamma = reward_decay
        self. epsilon = e_greedy
        self. q_table = pd. DataFrame(columns = self. actions, dtype = np. float64)

    def choose_action(self, observation):
        self. check_state_exist(observation)
        # action selection
        if np. random. uniform() < self. epsilon:
            # 小于 E 选择最佳行为
            state_action = self. q_table. loc[observation, :]
            # 若奖励值一样 就随机指定一个
            action = np. random. choice(state_action[state_action = = np. max(state_action)]. index)
        else:
            # 允许随机行为
            action = np. random. choice(self. actions)
        return action

    def learn(self, s, a, r, s_):
        self. check_state_exist(s_)
        q_predict = self. q_table. loc[s, a]
        if s_ ! = 'terminal':
            q_target = r + self. gamma * self. q_table. loc[s_, :]. max()
        else:
            q_target = r  # next state is terminal
```

```
        self.q_table.loc[s, a] += self.lr * (q_target - q_predict)  # update
        return self.q_table.values

    def check_state_exist(self, state):
        if state not in self.q_table.index:
            #为 Q 表添加新状态
            self.q_table = self.q_table.append(
                pd.Series(
                    [0] * len(self.actions),
                    index=self.q_table.columns,
                    name=state,
                )
            )
```

但要注意，在第 2 步中，虽然用 $\max Q(s_{i+1})$ 估算了 s_{i+1} 可能获得的奖励，但没有在 s_{i+1} 做出与相应奖励对应的行为，s_{i+1} 的行为要等到 s_{i+1} 本身的奖励更新以后再重新选择，以保证了到达 s_{i+1} 时可以从更深的一步获得适合的 Q 值并采取最有利的行为，这种估算但不确定执行的方法被称为 off-policy。这就是大名鼎鼎的 Q-learning 的学习优化决策的过程。由于存在 s_{i+1} 状态可以从更深的一步获得适合的 Q 值并确定行为的机会，所以 Q-learning 是倾向于以最快方式取得结果的策略。

除了 Q-learning 方法外，还有 Sarsa 方法也可以利用 Q 表训练强化学习。Sarsa 方法与 Q-learning 方法框架基本相同，只是在第 2 步进行了修改，处于 s_i 阶段时，依旧记录能获得的奖励最大 Q 值，而且要记录 s_{i+1} 的行为 a_{i+1}，并将 a_{i+1} 确定为在 s_{i+1} 上采取的行为，这意味着在 s_{i+1} 状态时不再从更深一步获取新行为，考虑在达到目标的过程中禁入点代表着“损失”，所以 Sarsa 算法虽然不如 Q-learning 算法能够更快地达到目标，但是 Sarsa 算法能够较好地避免“损失”，是更安全的算法，其更新 Q 值的公式为

$$Q(s_i,a_i)\leftarrow Q(s_i,a_i)+\alpha[r+\gamma Q(s_{i+1},a_{i+1})-Q(s_i,a_i)] \tag{9-3}$$

$$s_i\leftarrow s_{i+1},a_i\leftarrow a_{i+1}$$

代码如下：

```
def sarsa(env,episode_nums,discount_factor=
        1.0,  alpha=0.5,epsilon=0.1):

```

```
    env = CliffEnvironment()
    Q = defaultdict(lambda :np.zeros(env.nA))
    rewards=[]

    for i_episode in range(1,1+episode_nums):

        if i_episode % 1000 == 0:
            print("\rEpisode {}/{}." .format(i_episode, episode_nums))
            sys.stdout.flush()

        env._reset()
        state,done = env.observation()
        A= epsilon_greedy_policy(Q,state,env.nA)
        probs = A
        action = np.random.choice(np.arange(env.nA),p=probs)
        sum_reward=0.0

        while not done:
            new_state,reward,done = env._step(action)

            if done:
                Q[state][action]=Q[state][action]+alpha * (reward+discount
_factor * 0.0-Q[state][action])
                break
            else:
                new_A =  epsilon_greedy_policy(Q,new_state,env.nA)
                probs = new_A
                new_action =
                np.random.choice(np.arange(env.nA),p=probs)
                Q[state][action]=Q[state][action]+
                    alpha * (reward+discount_factor *
                Q[new_state][new_action]-Q[state][action])
                state = new_state
```

```
                action = new_action
            sum_reward += reward
        rewards.append(sum_reward)
    return Q,rewards
```

如果用以上代码替换 Maze 程序的相关部分，会发现游戏中球的路径偏好发生变化，如图 9-4 所示。

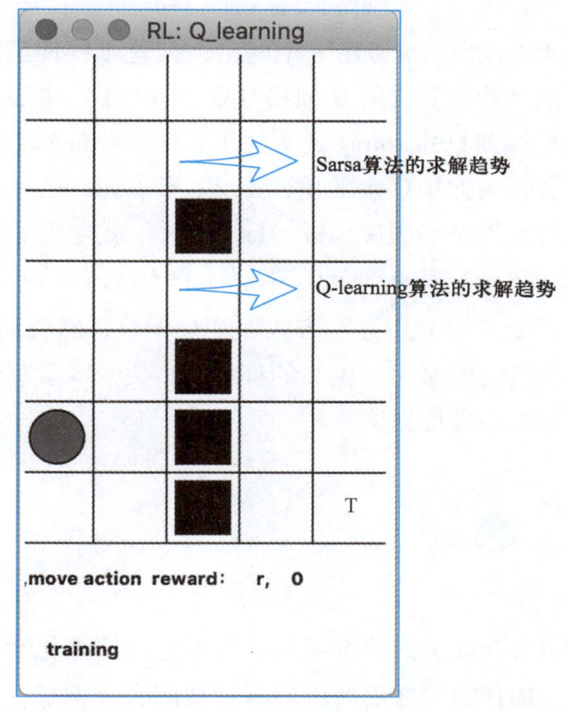

图 9-4 Q-learning 和 Sarsa 算法在迷宫应用中的对比

本页彩图

9.3 利用 DQN 应对复杂的应用

9.2 节介绍了通过 Q 表进行强化学习的两个方法，但是 Q 表的结构太简单了，不适于解决规模大且复杂多变的问题。例如阿尔法围棋所需要的状态和行为已经是 Q 表难以描述的了，即使能够描述，该 Q 表的规模也远超计算机可以存储的规模。怎么办呢？简单，就像一条直线上有无数多个点，用多少坐标都不能穷尽，但是找一个公式 $y=kx+b$ 就把所有的点都表达了一样，状态和行为的 Q 值多的难以存储和组织，那么想个办法，将其用算法表达出来即可，这就是深度Q网络（Deep Q Network，DQN）的基本思想。深度Q网络是将Q-learning的优势和神经网络（Neural Networks）结合的方法，其核心是使用神经网络来估算各状态的Q值，这样就不需要Q表了。

首先，可以应用价值函数来表示$Q(s,a)$，即

$$Q(s,a)=f(s,a) \tag{9-4}$$

其中，f可以是任意类型的函数，为方便计算，就选用线性函数。考虑近似性，公式（9-4）就变为

$$Q(s,a)\cong\omega_1 s+\omega_2 a+b \tag{9-5}$$

根据神经网络的经验，当然可以用一个网络表征这个线性函数。用神经网络来表示Q值非常简单，Q值也就是变成用Q网络（Q-Network）来表示，但是如何训练这个Q网络呢？这就需要回到Q-learning的方法了，Q-learning转到深度Q网络的原因是需要有一个近似方法表达所有Q表的值，那么，Q-learning本身是可以提供值来训练Q网络的。于是该神经网络的损失函数（loss函数）就变成了：

$$L(w)=\mathbb{E}\left[\left(r+\gamma\max_{a'}Q(s',a',w)-Q(s,a,w)\right)^2\right] \tag{9-6}$$

在深度Q网络中需要“经验中继”方式训练Q网络，然后利用另一个神经网络记录奖励的应答策略，就能完成深度Q网络的训练了。关于本章案例的深度Q网络代码可在本书配套资源中获取并进行测试。

9.4 本章小结 

完成一个与真实世界交互的强化学习系统并不是仅用强化学习的方法就可以完成的，在对世界的认知方面还需要之前所讲的各系统配合。例如，自动驾驶应用就需要针对视觉图像的卷积网络识别车辆和交通信号等信息，而自动交易系统就要综合运用数据分类、语言分析、为强化学习的交易系统提供有效的数据支撑。

强化学习建立在马尔可夫决策理论和贝尔曼方程两大原理之上，用规划Q表的方式完成记录“奖惩”，选择路径时选择最高奖励的路线是强化学习基本原则，之后的Sarsa算法在最优步骤选择的环节作出变化，在实际应用中表现为选择了“更安全”的策略；相反，Q-learning的策略在达到目标方面是“贪心”的。

针对步骤繁复的应用不可能规划Q表，于是用算法表达出来，这是深度Q网络的基本思路，其核心是使用神经网络来估算各状态的Q值。

9.5 本章练习

1. 打开本章配套资源文件，实践 Q-learning 算法的迷宫应用。
2. 用 Sarsa 算法更新第 1 题的 Q 表更新方式，观察迷宫的求解方式是否改变。

附录

附录 A　Python 简介

希望通过短短几页就学会编程是不可能的，本附录只能起到帮助读者看懂本书案例并学会编写一些短小程序。

1. 输出

Python 语言[①]的输出很简单，有以下两种形式：

① 输出字符串。例如：

```
print("Beijing")
```

输出结果：Beijing

② 字符串和格式化的数字混合输出。例如：

```
a=3
b=5
s=0.5*a*b
print("area=0.5*%d*%d=%5.2f" %(a,b,s))
```

输出结果：area=0.5*3*5=7.50

---

① 本书的 Python 版本为 3.6 以上。

上面小程序的 print 负责屏幕打印，打印字符串时用了 3 个格式符占位，分别是打印变量 s、a、b 时的格式，%5.2f 指用总宽度 5，保留两位小数的方式打印浮点数，%d 的意思是输出整型数。

2. 变量类型定义

Python 语言的变量名或合法标识符必须由字母、数字、下画线构成，但是必须由字母或下画线开始，且区分大小写。

Python 语言需要用赋初值的方式做声明，例如：

```
A=3
Pi=3.14
s=Beijing
```

这样使 A 的初值为 3，Pi 的初值为 3.14，同时说明 A 的类型是整型（int），Pi 的类型是浮点型（float），s 是字符串型（string），初值为“Beijing”。另外要注意，Python 没有常量的概念。

3. 输入

Python 语言中用 input 命令进行键盘输入，例如：

```
Num1=int(input("输入一个整型数"))
Num2=float(input("输入一个浮点数"))
```

注意输入后的类型转换。

4. 代码格式

（1）注释

Python 语言用“#”表达注释，按标准语法要求，Python 只能逐行注释。

（2）缩进

Python 语言在定义语句块时并不使用{}等标记，而是使用缩进这种类似书写的格式表达语句块。例如：

```
if k>b:
    S+=1
    J=s/5
print(j)
```

S 和 J 所在的两句话用了缩进表达这两句话是 if 语句的子块，而 print 又回到程序的执行路线上。在 Python 语句中，只要最后一个字符是“:”，则下一语句必须缩进。

5. 流程控制

(1) 分支结构

Python 语言的分支结构和大多数计算机语言一样，其中最简单的是只用一个 if。

① if 语句。例如：

```
a=10
b=20
max=a
if a<b:
    max=b
print("max=%d" %max)
```

以上程序判断 a 和 b 的大小，其中 if a<b:中的 a<b 就是条件，冒号后面的语句块就是如果条件满足，则执行 max=b。这里需要注意语句块缩进所表达的层次关系。

② if … elif 语句。表达“如果……除此之外如果……”这种关系，这里的 elif 是 else if 的缩写。

修改上面的程序如下：

```
a=10
b=20
max=0
if a<b:
    max=b
elif a>b:
    max=a
print("max=%d" %max)
```

③ if … elif … else 语句。分支流程的最后一种是将任何条件都不符合的情况归为一类，那么就是“否则”的含义。例如：

```
a=10
b=20
```

```
max=0
if a<b:
    max=b
elif a>b:
    max=a
else:
    max=a
    print("a=b")
print("max=%d" %max)
```

（2）while 循环

Python 语言中的 while 语句用于循环执行程序，在满足条件下，循环执行某段程序，以处理需要重复处理的相同任务。其基本形式如下：

```
while 条件:
    循环体程序
```

例如：

```
i=1
while i<10:
    print (i)
    i+=1
```

该程序段输出 1 至 9。

（3）for 循环

Python 语言中的 for 循环可以遍历任何序列的项目，如一个列表或者一个字符串。for 循环的语法格式如下：

```
for iterating_var in sequence:
    statements(s)
```

例如：

```
list1=[33,44,55]
for i in list1:
```

```
    print(i)

str1='Python'
for i in str1:
    print(i)
```

以上例子用了两个 for 循环。第 1 个 for 循环遍历一次 list1 列表内容，挨个地输出 list1 列表；第 2 个 for 循环遍历一次 str1 字符串，挨个输出 str1 字符串的字符。

（4） continue 和 break

continue 和 break 需要用在 while 或 for 循环体内，continue 为跳过该次循环，break 为退出循环。例如：

```
i=0
while True :
    i+=1
    if i%2==1:
        continue
    print (i)
    if i>=100:
        break
```

以上例子用于输出小于等于 100 的偶数。while True 表示为无限循环，在循环体内如果 i 除以 2 余数是 1，就 continue，跳过下面的输出语句；否则输出 i，接下来判断 i 是否大于等于 100，如果是则用 break 退出循环，打破了无限循环状态。

6. 列表

（1） 列表的定义

列表是 Python 中基本的集合数据结构。列表中的每个元素都分配一个索引（或称下标），第 1 个索引是 0，第 2 个索引是 1，依此类推，末尾元素的索引是列表长度减 1。例如：

```
list1=['2' ,'abc' ,'a' ]
list2=[3,4,5,6]
list3=['hello' ,'python' ,98,100]
```

Python 列表内的数据项可以是不同类型的数据，如 list3。

（2）访问列表值

可以使用下标（索引）来访问列表中的值，例如：

```
print(list1[1])
```

程序输出"abc"。

（3）列表切片（子集选取）

例如：

```
1 list2=[3,4,5,6,10,11,23,45,67]
2 print (list2[:2])
3 print (list2[2:5])
4 print (list2[5:])
5 print (list2[5:-2])
```

第 2 行输出[3,4]，表示从第 1 个元素开始切片，切到第 3 个元素为止，不包括第 3 个元素。

第 3 行输出[5,6,10]，表示从第 3 个元素开始，切到第 6 个元素为止，不包括第 6 个元素。

第 4 行输出[11,23,45,67]，表示从第 6 个元素开始，一直到列表结束为止。

第 5 行输出[11,23]，表示从第 6 个元素开始，到倒数第 2 个元素为止，不包括倒数第 2 个元素。

（4）列表元素修改

例如：

```
list1=[]
list1.append('hello')
list1.append('world')
list1.append('!')
print (list1)
del list1[2]
print (list1)
```

列表可以用 append 函数增加一个元素，用 del 删除一个元素。也可以直接用赋值的方式修改列表元素，如 list1[1]='python'，就把 list1 列表的第 2 个元素值从“world”修改成了“python”。

另外，可以用遍历的方法访问列表，但是不能使用遍历因子修改列表。例如：

```
list1=[3,4,5,6,7]
for it in list1
    print(it)
```

这是使用遍历的方法访问列表的案例，但是访问中不能使用以上代码中的 it 修改列表元素。若需修改可使用下标引用。

（5）列表的函数和方法

① 列表的常用函数如下。

cmp(list1,list2)：比较两个列表的元素。

len(list)：列表元素的个数。

max(list)：列表内元素的最大值。

min(list)：列表内元素的最小值。

list(seq)：将元组转换为列表。

② 列表的常用方法如下。

list. append(obj)：在列表末尾添加新的元素。

list. count(obj)：统计某个元素在列表中出现的次数。

list. extend(obj)：在列表末尾一次性追加另一个虚列中的多个值。

list. index(obj)：从列表中找出某个值第 1 个匹配项的索引位置。

list. insert(index,obj)：将对象插入指定位置。

list. pop()：移除列表中的一个元素，默认最后一个，并且返回该元素的值。

list. remove(obj)：移除列表中某个值的第 1 个匹配项。

list. reverse()：把列表中的元素反向。

list. sort()：对列表进行排序。

7. 元组

元组与列表类似，它们的不同之处在于元组的元素不能修改。一般用小括号来定义元组，例如：

```
tup1=(3.14,4,6,7)
```

引用和切片方式都和列表一样。

定义一个列表 list1=[3,4,5]，可以用 list1[0]=10 来修改 list1 列表的第一个元素，对于元组则不能用 tup1[0]=3.141567 的方式来修改元组的元素值，否则会报错。

8. 字典

(1) 定义字典

字典也是一种容器模型，可存储任意类型对象。其特点是可以依据元素键值(key)快速引用元素的值(value)，而不需要遍历或查询。字典的每个键值 key=>value对，用冒号(:)分隔，每个键值对之间用逗号分隔，整个字典用花括号{}来定义。例如：

```
d={'a':3,'b':'abc','c':'345'}
print(d['b'])
```

程序输出'abc'。

字典的值可以为 Python 的任何对象，可以为字符串、数字或者列表、字典皆可。但是字典的键值不可变，所以字典的键值可以为字符串、数字、元组等，但不能是列表。

(2) 修改字典

例如：

d['a']=56 可以修改 d 字典的索引值为 a 的值。

del d['a']可以删除索引值为 a 的元素。

d.clear()可以清空字典内的所有元素。

(3) 字典函数和方法

常用的字典函数和方法如下。

dict.clear()：删除字典内所有元素。

dict.copy()：复制一个字典。

dict.fromkeys(seq[,val])：创建一个新字典，以虚列 seq 中元素做字典的键值，val 为字典所有键对应的初始值，可以缺省。

dict.get(key, default = None)：返回指定键的值，如果值不在字典中则返回 default 值。

dict.has_key(key)：判断 key 是否是字典的键值，是返回 True，否则返回 False。

dict.items()：以列表返回字典中所有的(key，value)。

dict.keys()：以列表返回字典所有的键。

dict.setdefault(key,defualt=None)：和 get 类似，但如果键不在字典中，将会添加键并将值设为 default。

dict.update(dict2)：将字典 dict2 的键值更新到 dict 里。

dict. values( )：以列表返回字典中的所有值。

popitem( )：返回并删除字典中的最后一对键和值。

pop(key[,default])：删除字典给点 key 所对应的值，并返回被删除的值。

9. 字符串

（1）字符串的定义

字符串是 Python 中最常用的数据类型，用单引号对或双引号对来定义字符串。例如：

```
1    str1 = 'Hello World!'
2    print(str1)
3    print(str1[:2])
4    print(str1[6:])
5    print(str1+' Hi Python!')
```

字符串可以看成是一个元素为字符的列表，所以也可以用列表的切片对字符串进行操作。第 2 行输出整个字符串，第 3 行输出 He 字符串，第 4 行输出 “World!”。

字符串和字符串可以用 “+” 来连接。

字符串中如果需要用到特殊字符时，如输出单引号或双引号，则需要用到转义符'\'。

（2）字符串运算符

+：字符串连接。

*：重复输出字符串，如 str1 * 2，表示新的字符串是重复两遍的 str1 字符串。

In：成员运算符，判断给定的字符是否存在于字符串内，是则返回 True。

not in：成员运算符，和 in 相反。

%：格式字符串，如%d 为格式化整数，%o 为格式化无符号八进制数，%X 为格式化无符号十六进制数等。

（3）常用字符串函数

string. format( )：格式化字符串。

string. join(seq)：以 string 作为分隔符，将 seq 中所有的元素合并成一个新的字符串。

string. lower( )：转换 string 中所有的大写字符为小写。

string. replace(str1, str2, num = string. count(str1))：把 string 中的 str1 替换成 str2，如果 num 指定，则替换不超过 num 次。

string. rstrip( )/string. lstrip( )：删除 string 字符串末尾/开头的空格。

string. split(str)：以 str 为分隔符切片 string，返回的是一个列表。

string. strip()：相当于各执行了一次 lstrip 和 rstrip。

string. upper()：转换字符串内的所有小写字母为大写字母。

10. 函数与类的引用

Python 语言是面向对象的，既可以使用类和对象也可以使用函数完成代码复用的任务。Python 模块是一个 Python 文件，以 . py 结尾，包含了 Python 对象定义和语句。模块能够让用户有逻辑地组织 Python 代码段，使代码更好用、易懂，能够很好地复用代码。

定义文件 module_sample1. py，代码如下：

```
1 def print_func(param):
2     print ("Hello: " ,param)
3 return
4 if __name__=='__main__':
5     print_func('Python! ')
```

如果直接运行该程序，会输出“Hello Python!”。

在该程序内定义了一个函数 print_func，它有一个参数，作用就是输出加了 Hello 后的字符串。

在第 4 行中判断一个__name__的变量，用这个变量来判断是程序自己本身运行，还是由别的程序引用。如果是别的程序引用，则不执行下面的程序段，如果是自己运行，则执行下面的程序段，输出“Hello Python!”。

接下来，用另一个程序文件来引用 module_sample1. py。先新建一个 sample. py 文件，内容如下：

```
import module_sample1
module_sample1.print_func('World! ')
```

运行程序后，会输出“Hello World!”。

以上例子用 import 引用 module_sample1 的模块，这种调用方式，会把要引用的模块内的所有函数都导入当前程序。当然，对于 module_sample1 模块来说，其他导入方式没有太大区别，因为它只有一个函数。假设它有多个函数，而只要导入它的 print_func 函数，该如何进行呢？方法如下：

```
from module_sample1 import print_func
print_func('World!')
```

也可以用 from module_sample1 import ＊调用模块内的所有函数。接下来的程序内引用这些函数，没必要再指定模块名称。

附录 B　利用 numpy 进行高效计算

1. numpy 的用途

numpy 是一个高效计算工具，不同于普通编程中的变量计算，其具有以下几个特点：

① 可以进行 n 维数组的高效计算。

② 能进行线性代数、傅里叶变换等多种高效科学运算。

③ 有丰富的随机数功能。

④ 有丰富的数组处理功能。

numpy 的数据运算功能丰富，运行速度快，被广泛应用于各种数据运算应用中。

2. numpy 的基本使用技术

使用 numpy 时，需要先导入 numpy 包，命令如下：

```
import numpy as np
```

之后就可以利用缩写 np 使用 numpy 包了。在本附录的讲述中，数组、矩阵都指的是 ndarray 对象。

(1) 构造数组

numpy 的基础计算对象是数组，但 numpy 的数组与 Python 的 list 不同，list 中同一集合的元素可以是不同类型，而同一 numpy 数组中的元素都为一种类型。

使用 numpy 构造数组需要数组形状（shape）和类型（dtype）两个关键参数。下面的例子演示了构造数组的方法：

例 1　利用 ndarray 方法构造数组。

```
np.ndarray(shape=(2,3), dtype=float)
```

其结果是一个 2 行 3 列的 float 型随机数组：

array([[1.72723371e-077, 1.72723371e-077, 2.47032823e-323],
[2.68677854e+154, 3.11107701e+231, 8.34402697e-309]])

当然，更多维数组也可以，如下面例子所示。

例 2　利用 ndarray 构造多维数组。

```
x=np.ndarray(shape=(2,3,5), dtype=float)
print(x)
```

其结果类似于：

array([[[1.72723371e - 077, 2.00389099e + 000, 2.17244241e - 314,
9.88131292e-324, -4.98331766e-221], [2.23459486e-314, 2.17344350e-314, 2.23451796e-314, 0.00000000e+000, 0.00000000e+000],……
-1.49457018e-154, 2.09033561e-308]]])

这时若使用 print 函数，打印 x 的类型、dtype 以及 shape，语句如下：

```
print(type(x))
print (x.dtype)
print(x.shape)
```

将得到以下结果：

<class 'numpy.ndarray'>

float64

(4, 3)

其中，<class 'numpy.ndarray'>表示 x 是一个 ndarray；float64 表示所有元素的类型是 64 位（8 byte）浮点型；(4, 3)是个元组，表达数组的形状是 4 行 3 列。

如上所述，ndarray 构造方法中的 dtype 参数指明了数组元素的数据类型，例 2 中使用 float 参数指明数组元素是 64 位浮点型，若使用 int 参数则表示数组元素是 32 位整型。

numpy 支持的数据类型比 python 本身丰富，标志以及意义和精度范围见表 B-1。

表 B-1　numpy 所支持的数据类型、标志、意义和精度

数据类型标志	类 型 描 述
bool_	存储为一个字节的布尔值（真或假）
int_	默认整数，相当于 C 语言中的 long，通常为 int32 或 int64

续表

数据类型标志	类型描述
intc	相当于 C 语言中的 int，通常为 int32 或 int64
intp	用于索引的整数，相当于 C 语言中的 size_t，通常为 int32 或 int64
int8	字节（-128 ~ 127）
int16	16 位整数（-32768 ~ 32767）
int32	32 位整数（-2147483648 ~ 2147483647）
int64	64 位整数（-9223372036854775808~9223372036854775807）
uint8	8 位无符号整数（0 ~ 255）
uint16	16 位无符号整数（0 ~ 65535）
uint32	32 位无符号整数（0 ~ 4294967295）
uint64	64 位无符号整数（0 ~ 18446744073709551615）
float_	float64 的简写
float16	半精度浮点数：符号位，5 位指数，10 位尾数
float32	单精度浮点数：符号位，8 位指数，23 位尾数
float64	双精度浮点数：符号位，11 位指数，52 位尾数
complex_	complex128 的简写
complex64	复数，由两个 32 位浮点表示（实部和虚部）
complex128	复数，由两个 64 位浮点表示（实部和虚部）

ndarray 还有以下几个重要的方法：

1）T 或 transpose 方法。T 或 transpose 方法用于返回具有轴转置的数组的视图。

例 3 利用 T 和 transpose 方法转置二维数组。

```
import numpy as np
x=np.ndarray((2,3),float)
print (x)
print("Transpose" )
print (x.T)
```

程序运行结果如下：

```
[[  3.10503618e+231  -4.33985993e-311   2.14974467e-314]
 [  2.14078113e-314   2.14078115e-314   2.14138149e-314]]
After Transpose
```

```
[[   3.10503618e+231    2.14078113e-314]
 [ -4.33985993e-311    2.14078115e-314]
 [   2.14974467e-314    2.14138149e-314]]
```

可以看到，使用 T 方法使数组的行列发生转置，使用 transpose 方法将获得同样的效果。

2）reshape 方法。reshape 方法的用途是在数组元素数量不变的情况下，重新定义数组形状。例如，对于例 3 的程序，将最后两行修改成：

```
print ('After reshape')
print (x.reshape((3,2)))
```

将得到同样的结果。

（2）产生指定值序列和随机序列

能够在构造数组时高效填充各种初值是 numpy 的另一个方便之处，本节将分别实现使用全 0、全 1、各种规则序列和随机数构造数组。以下各例演示了构造全 0 和全 1 的数组。

例 4　构造全 0 和全 1 数组。

```
import numpy as np
x0=np.zeros(12).reshape((3,4))
print("zeros:3 rows and 4 cols" )
print (x0)
print("ones::5 rows and 3 cols" )
x1=np.ones(15).reshape((5,3))
print (x1)
```

程序运行结果如下：

```
zeros:3 rows and 4 cols
[[ 0.   0.   0.   0. ]
 [ 0.   0.   0.   0. ]
 [ 0.   0.   0.   0. ]]
ones:5 rows and 3 cols
[[ 1.   1.   1.]
 [ 1.   1.   1. ]
 [ 1.   1.   1.]
```

```
[ 1.   1.   1. ]
[ 1.   1.   1. ]]
```

例 4 中 zeros 和 ones 方法用来构造全 0 和全 1 数组，并且，通常会和 reshape 方法合用以确定数组形状。

例 5 利用 arange 方法构造序列型数组。

```
import numpy as np
print ("one agr" )
x01=np.arange(12).reshape((3,4))
print (x01)
print ("two agr" )
x02=np.arange(10,22).reshape((3,4))
print (x02)
print ("three agr" )
x03=np.arange(20,32,2).reshape((3,2))
print (x03)
```

程序运行结果如下：

```
one agr
[[ 0  1  2  3]
[ 4  5  6  7]
[ 8  9  10  11]]
two agr
[[10 11 12 13]
[14 15 16 17]
[18 19 20 21]]

three agr
[[20 22]
[24 26]
[28 30]]
```

从例 5 中可以体会使用 arange 方法产生序列，只是如果需要非一维数组，那么需要提供适合的序列长度和形状。另外，arange 可以分别使用 1~3 个参数，只设置单一参数 s 时，arange 产生 0~s-1 共 s 个数的序列；若有两个参数 s、e，则 arange 会产生自 s~e-1 的序列；当使用第 3 个参数 st 时，st 是序列的步长值。当然也可以利用负数步长值获得递减序列。

另外，reshape 方法和 arange 方法也可以这样使用：

```
print(np.reshape(np.arange(12),(3,4)))
```

上面这行代码的结果也是：

```
[[ 0  1  2  3]
 [ 4  5  6  7]
 [ 8  9 10 11]]
```

可以产生各种随机数序列也是 numpy 的优势之一，来看下面例子。

例 6 使用随机数列构造数组。

```
import numpy as np

print("生成标准随机数数组")
print(np.random.rand(2,3))
print("生成标准正态分布随机数数组")
print(np.random.randn(2,2))
print("生成指定均值和标准差的随机数数组")
print(np.random.normal(1,2,(2,3)))
print("在指定边界中生成指定均值的随机数数组")
print(np.random.uniform(1, 10, 10))
print("按指定数量生成指定边界的随机整数序列")
print(np.random.randint(1,10,(2,5)))
```

代码将产生类似下面的结果：

```
生成标准随机数数组
[[0.1175708  0.99564666 0.41354397]
 [0.96013462 0.36632915 0.85096117]]
生成标准正态分布随机数数组
[[-1.91585417  0.42160986]
 [-0.30931421  -2.22137821]]
生成指定均值和标准差的随机数数组
[[ 0.80757878  0.45009246  -2.44933757]
```

[2.1017899   1.59778329   -2.87075769]]

在指定边界中生成指定均值的随机数数组

[2.38417045   6.66818294   1.85983424   3.41635153   6.1042276   1.35903882
 5.16458688   8.45419995   9.52856313   2.73610925]

按指定数量生成指定边界的随机整数序列

[[9 3 8 7 7]
 [6 9 3 8 3]]

例 6 中演示了 5 种产生随机数数组的方法，第 4 行代码演示了生成随机数组的最普通方式，random.rand 方法的参数是一个维数列表，产生的随机数列介于 0 和 1 之间。numpy 还可以生成标准正态分布的随机数组，如第 6 行所演示的 random.randn。除了标准正态分布以外，如第 8 行所示，random.normal 方法按照指定均值和方差的正态分布分布。方差描述的实际是分布带，不考虑分布带，也可以像第 10 行那样，用 random.uniform 方法在指定上下边界中用一个均值生成指定形状的随机数组。可以用第 12 行的 randint 方法生成左闭右开区间指定形状的 int 类型随机数。

(3) 索引和切片

ndarray 对象的内容可以通过索引或切片来访问和修改，其对象中的元素索引从 0 开始，如下面例子所示。

例 7 构造一个数组，并切片。

```
import numpy as np

x0=np.arange(11,23).reshape((3,4))
print (x0)
print ("After Slice - 切片后")
xs=x0[:2,1:3]
print (xs)
```

程序运行结果如下：

```
[[11 12 13 14]
 [15 16 17 18]
 [19 20 21 22]]
After Slice - 切片后
[[12 13]
 [16 17]]
```

例 7 中第 3 行构造了 3 行 4 列的数组，第 6 行做了切片，切片的结果还是矩阵。注意，同 Python 一样，numpy 中索引的引用是从 0 到 size-1，而维度的间隔使用逗号分隔。

切片的结构位置如图 B-1 所示。

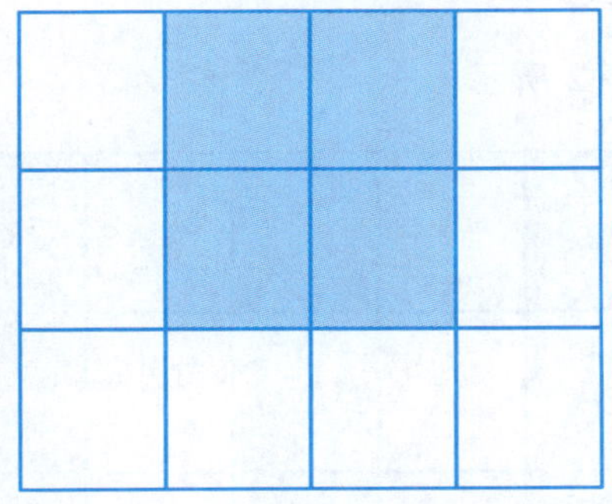

图 B-1　切面的结构位置示意图

numpy 的切片功能十分强大，读者可以利用基本模式的原理完成多种方式的切片运算。

例 8　利用下标索引数组或用 start:end:step 方式获得子集。

```
import numpy as np

x0=np.arange(11,26).reshape((3,5))
print (x0)
print ("用生成下标序列索引数组元素" )
print(x0[np.arange(3),0:5:2])
print ("索引后更新其值" )
x0[np.arange(3),0:5:2]=999
print (x0)
```

程序运行结果如下：

```
[[11 12 13 14 15]
 [16 17 18 19 20]
 [21 22 23 24 25]]
用生成下标序列索引数组元素
[[11 13 15]
 [16 18 20]
```

[21 23 25]]

索引后更新其值

[[999 12 999 14 999]
 [999 17 999 19 999]
 [999 22 999 24 999]]

索引的引用位置如图 B-2 所示。

图 B-2　索引的引用位置示意图

本例程中的 x0[np.arange(3),0:5:2]换成 x0[:,0:5:2]可产生同样效果，但利用序列生成的方法（结合例 5），可以拓展索引的范围。

以上案例可以看出 numpy 高效的数学处理和数组处理功能，其他功能读者可以在实际使用中不断领会。

读者意见反馈

为收集对教材的意见建议，进一步完善教材编写并做好服务工作，读者可将对本教材的意见建议通过如下渠道反馈至我社。

咨询电话　400-810-0598

反馈邮箱　gjdzfwb@ pub. hep. cn

通信地址　北京市朝阳区惠新东街4号富盛大厦1座

高等教育出版社总编辑办公室

邮政编码　100029

资源服务提示

授课教师如需获得本书配套的PPT课件、实训案例、源代码等教学资源，请登录“高等教育出版社产品信息检索系统”（xuanshu. hep. com. cn）搜索下载，首次使用本系统的用户，请先进行注册并完成教师资格认证。